rowohlt

Norman Mailer

HEILIGER KRIEG: AMERIKAS KREUZZUG

Deutsch von Willi Winkler

Rowohlt

2. Auflage Mai 2003
Copyright © 2003 der deutschen Ausgabe
by Rowohlt Verlag GmbH, Reinbek bei Hamburg
Die amerikanische Originalausgabe erschien 2003
unter dem Titel «Why Are We at War?»
bei Random House, Inc., New York
Copyright © 2003 by Norman Mailer
Alle Rechte vorbehalten
Das Kapitel «Warum wir im Krieg sind»
geht auf eine im Februar 2003
in San Francisco gehaltene Rede zurück
Redaktion Bernd Klöckener
Satz Janson Text PostScript QuarkXPress 4.1
bei KCS GmbH, Buchholz/Hamburg
Druck und Bindung Clausen & Bosse, Leck
Printed in Germany
ISBN 3 498 04492 3

Die Schreibweise entspricht den Regeln
der neuen Rechtschreibung.

FÜR NORRIS

Inhalt

Eins

11. September

Wie Sie beim Weiterlesen gleich merken werden, beginnt dieses Buch mit dem Bericht meines alten Freundes Dotson Rader über seine Erlebnisse am Vor- und Nachmittag des 11. September.

Ein Jahr später trafen wir uns zu einem Interview für das Magazin der *Sunday Times.* Wir wollten über die Folgen sprechen, die jenes Ereignis für Amerika hatte. Ich erinnere mich, wie anregend Dotsons Beredsamkeit war, ein richtiger Kickstart für mich. Es war ein langes Gespräch. Ein Großteil davon ist hier wiedergegeben, außerdem habe ich einiges von dem ausgeführt, worüber wir uns damals unterhielten und was mir seither durch den Kopf gegangen ist.

Der 11. September gehört zu den Ereignissen, die nie mehr aus unserer Geschichte verschwinden werden. Es war nicht nur eine verheerende Katastrophe, sondern auch ein riesenhaftes, ein geheimnisvolles Symbol für etwas, das wir nicht kennen, eine Obsession, die uns noch jahrzehntelang verfolgen wird.

Tatsächlich würde es dieses Buch, das einen anderen Blick darauf bieten will, warum Amerika in den Krieg gezogen ist, ohne den Einsturz der Twin Towers gar nicht geben. Deshalb schien es mir angemessen, mit

Dotson Raders Schilderung des surrealistischsten Vormittags zu beginnen, den die New Yorker Annalen zu verzeichnen haben.

1

DOTSON RADER: Ich war zu Hause in meiner Wohnung in der East 58th Street in Manhattan, als der
erste Turm des World Trade Center von einem der
Flugzeuge getroffen wurde. Doch zu diesem Zeitpunkt wusste ich davon noch nichts. Am späteren
Vormittag versuchte ich, jemanden anzurufen, aber
die Leitung war tot. Also zog ich mich an und ging
nach draußen. Ich wohne vier Blocks von Gracie
Mansion entfernt, dem offiziellen Wohnsitz des
Bürgermeisters. Keine einzige Telefonsäule auf der
Straße funktionierte. Die Menschen liefen merkwürdig benommen umher, als hätten sie sich ver-
irrt. Es war sehr seltsam.
Ich ging in Richtung Süden – es war ein strahlen-
der, fast heißer Tag in New York. Ich war mit einem
Freund in der 57th Street zum Lunch verabredet

und lief die Third Avenue hinab, um mich im Restaurant mit ihm zu treffen. Als ich die 64th Street erreichte, bemerkte ich weiter südlich diese riesige, aufquellende Wolke am Himmel über Manhattan. Sonst war der Himmel überall blau und klar. Ich wusste nicht, was das war. Und dann, als ich die Third Avenue hinunterschaute, sechs oder sieben Blocks weiter, sah ich plötzlich eine gewaltige Menschenmenge, eine wahre Menschenflut, die sich wie eine Woge langsam durch die Avenue nordwärts bewegte. Es waren viele Männer in weißen Hemden darunter – die Büroangestellten von der Wall Street, die vor der Katastrophe flüchteten. Diese stille Menschenmasse, es waren Zehntausende, kam wie eine Beerdigungsprozession die Insel herauf, bog an der 57th Street ab und bewegte sich geschlossen auf die Brücke an der 59th zu, um die Insel zu verlassen. Und ich dachte: «Mein Gott! Ist das jetzt der Jüngste Tag und Christus kommt wieder?» Denn sie waren alle weiß, staubbedeckt, und sie wirkten so fassungslos und sprachen nur flüsternd, wie Kinder in der Kirche. Ich dachte, der Tag des Jüngsten Gerichts sei gekommen und Jesus berufe die Auserwählten zu sich, und ich müsse zurückbleiben. So habe ich das spontan empfunden.

Norman Mailer: Wär's das nicht? Jesus ist wiedergekehrt, und um ihn zu begrüßen, ziehen alle über die Brücke von Manhattan nach Queens. Genau das richtige Bild für mich mit meinen Vorbehalten gegen alle kosmischen Dinge. *(Lacht.)*

Dᴏᴛsᴏɴ Rᴀᴅᴇʀ: Na gut. Wo waren Sie am 11. September? Wie haben Sie von den Terroranschlägen erfahren, und wie war Ihre erste Reaktion?

Nᴏʀᴍᴀɴ Mᴀɪʟᴇʀ: Ich war in meinem Haus hier in Provincetown, auf Cape Cod. Ich erinnere mich, dass jemand anrief, um mir zu sagen, ich solle den Fernseher einschalten. Während ich zusah, rief ich meine jüngste Tochter Maggie an. Ich habe eine Wohnung in Brooklyn Heights, und sie war mit einer Freundin dort. Von der Wohnung aus hat man einen Blick auf die Südspitze von Manhattan und die Twin Towers. Die Fenster gehen auf den East River hinaus. Deshalb hatte Maggie den ersten Angriff gesehen und war tief erschüttert. Und während wir telefonierten, schlug das zweite Flugzeug in den anderen Turm ein. Ich schaue immer noch im Fernsehen zu, Maggie und ihre Freundin sehen es durchs Fenster und gleichzeitig im Fernsehen. Das war ein unglaublicher Schock. Warum? Weil das Fernsehen immer dieses eine Versprechen für uns bereithält, dass nämlich das, was wir auf dem Bildschirm sehen, eigentlich gar nicht wahr ist. Deshalb wirkt das Fernsehen stets auf eine subtile Art betäubend. Auf der Mattscheibe scheinen die erstaunlichsten Ereignisse, auch die furchtbarsten, letztlich nicht ganz real zu sein. Sie schrecken uns nicht. Wir sehen etwas Abscheuliches, aber sind nicht entsprechend schockiert. Darum können wir uns im Fernsehen alles anschauen.

Es gibt natürlich Ausnahmen. Jack Ruby, wie er Lee Harvey Oswald erschießt, war eine davon; wie das zweite Flugzeug in den zweiten Turm einschlägt; wie beide Türme zusammenstürzen. In dem Moment war das Fernsehen keine Isolierung zwischen uns und dem Grauen mehr, und wenn sie einmal durchbrochen ist, dann ist die Wirkung enorm.

DOTSON RADER: Was mich erstaunt hat und was ich nie vergessen werde, ist die Stille. Die Leute waren einfach nur still. Und wenn sie sprachen, dann nur ganz leise. Es war, als befänden sich alle auf einer Beerdigung. Und das ging über Stunden so. Ab und zu wurde die Stille von der Sirene einer Ambulanz oder eines Polizeiwagens unterbrochen. Und was ich in New York noch nie zuvor gesehen hatte – Kampfflugzeuge begannen über der Insel zu kreisen; sie fingen an, Manhattan dichtzumachen. In den Straßen tauchten Soldaten auf. Ich dachte, was um Himmels willen ist hier los?

2

Was um Himmels willen war da los? Es ist eine Sache, wenn man eine gewaltige Explosion hört. Aber es ist etwas ganz anderes, wenn man kurze Zeit später feststellt, dass man davon taub geworden ist. Die Vereinigten Staaten machten eine Identitätskrise durch. Es tauchten Fragen über das Wesen unseres Landes auf, mit denen die meisten guten Amerikaner sich nie zuvor beschäftigt hatten. Fragen wie: Warum hasst man uns so? Wie kann uns irgendjemand nur so verabscheuen? Wir tun doch nichts Böses. Wir glauben an das Gute und an die Freiheit. Aber wer sind wir dann? Sind wir etwa nicht die, für die wir uns halten? Und was noch viel wichtiger ist: Wer sind «sie»? Was hat das alles zu bedeuten?

Einfache Fragen. So schlicht wie ein weißes, unbeschriebenes Blatt Papier. Wir machten eine Identitätskrise durch, und das ist eine Erfahrung, die sich mit nichts vergleichen lässt. Das Ego war verwüstet worden. Entkernt. Die meisten von uns bemühen sich um ein Ego, das uns bei der Verfolgung unserer persönlichen Ziele einigermaßen funktionieren lässt. Wir sehen uns als Ehemann oder Ehefrau, als mutig oder vorsichtig, verlässlich oder anständig; mancher sucht eine Entschuldigung für sein eigenes Verhalten – sei es, dass er flatterhaft ist oder auf der Suche nach Freundschaft, die, wenn sie erst gefunden ist, schon für alles andere sorgen wird.

Also ist es kaum von Bedeutung, welche feste Vorstellung das Ego von sich selber hat. Wichtiger – von den Bedürfnissen des Egos aus gesehen – ist die beständige Erwartung, dass dieses Bild halbwegs stabil bleibt. Darauf beruht unsere Identität, die feste Basis, die der Psyche täglich eine funktionierende Idee davon vermittelt, wer wir sind (gut aussehend oder wenigstens passabel – was eben hilft).

Eine Identitätskrise baut sich entweder langsam auf, oder sie kommt plötzlich wie ein Donnerschlag, aber das Ergebnis ist stets unverkennbar. Man kann nicht mehr genau erklären, wer man ist. Dem Ego ist die notwendige Basis entzogen worden. Die Psyche ist haltlos, zerfallen. Mit einem Mal sind selbst die einfachsten Fragen schwer zu beantworten.

Nach dem 11. September brach eine Massenidentitätskrise über ganz Amerika herein, und unsere Reaktion war durchaus verständlich. Wir stürzten uns in einen patriotischen Rausch. Da unser bewährtes und behagliches Gefühl, dass Amerika einfach das tollste Land aller Zeiten ist, von Zweifeln erschüttert worden war, begannen wir instinktiv damit, unser Selbstbewusstsein aufzupolieren. Wir mussten unsere Identitätskrise überwinden – ach was, überwältigen, wir mussten Fahnen schwingen.

Wir hatten an etwas geglaubt. Das Schiff der Vereinigten Staaten war unangreifbar und folgte einem großartigen Kurs. Wir steuerten einer strahlenden Zukunft entgegen. Plötzlich dieser Gewissheit beraubt zu sein war nicht anders, als wäre man selber der Verräter am großen Ganzen. Also scharten wir uns um George W. Bush. Sogar daraus, dass er ohne Mehrheit ins Amt gekommen war, schienen ihm neue Kräfte zuzuwachsen. Die frische, gerade aufkeimende, noch unfertige nationale Identität konnte sich nicht einen einzigen Moment lang mit der Tatsache befassen, dass Bush womöglich gar nicht ins Weiße Haus gehörte. Warum? Weil jetzt das Land gerettet werden musste. Etwas Schreckliches war über uns hereingebrochen. Es gab Menschen auf der Welt, denen so viel daran lag, uns zu vernichten, dass sie bereit waren, ihr Leben dafür zu opfern. Das rührte direkt an die biblischen Wurzeln. Samson hatte die Säulen des Tempels eingerissen. Nun gab es überall diese muslimischen Samsons. Ein Wind ging über das Land, ein Ruck ging durch das Volk. Und bald darauf wehten überall die Fahnen. Nahezu jeder in Amerika schwenkte eine Fahne.

Für einige wenige von uns war diese große, alles erfassende Woge des Patriotismus kein schöner Anblick. Schließlich ist «Patriotismus die letzte Zuflucht für den Schurken», hat H. L. Mencken gesagt – oder war es Samuel Johnson? Über die Quelle lässt sich streiten, nicht jedoch über die Botschaft.

3

DOTSON RADER: Haben sie die Fahnen auch in Provincetown geschwenkt?

NORMAN MAILER: Allerdings. Am 4. Juli 2002 gab es in Provincetown eine Parade. Da kam ein recht gut aussehender, angenehmer Bursche – er wirkte wie ein junger linker Anwalt – mit einem Lächeln auf mich zu und wollte mir eine kleine amerikanische Fahne reichen. Ich sah ihn an und schüttelte nur den Kopf. Und er ging einfach weiter.

Es war eigentlich gar nichts passiert. Er kam vorsichtig lächelnd zu mir her und ging vorsichtig lächelnd wieder weg. Aber hinterher war ich furchtbar wütend auf mich selber, weil ich nicht gesagt hatte: «Man muss keine Fahne schwenken, um Patriot zu sein.»

Im Juli 2002 störte mich das inzwischen ungemein.

Der entfesselte Patriotismus erschien mir wie ein getreues Abbild unserer entfesselten Ängste.

Nehmen Sie dagegen die Briten. Die Briten empfinden eine tiefe Liebe für ihr Land. Sie können es durch den Kakao ziehen, schmutzige Geschichten darüber erzählen, über all die Schwachköpfe lästern, die es regieren. Aber ihr Patriotismus ist tief verwurzelt. Es kommt mir vor, als würden wir in Amerika Reise nach Jerusalem spielen; wenn du ohne Fahne erwischt wirst, bist du raus. Wozu brauchen wir diese ganze Selbstbestätigung? Es ist, als wäre Amerika ein drei Zentner schwerer Mann, über zwei Meter groß, in absoluter Topform, voller Saft und Kraft, und dann muss er alle drei Minuten unter seinen Armen schnüffeln, um sich zu bestätigen, dass er wunderbar riecht. Wir brauchen keinen zwanghaften Patriotismus als Selbstzweck. Das ist etwas Abscheuliches. Wer in einem großartigen Land lebt, hat die Pflicht, es kritisch zu betrachten, damit es womöglich noch großartiger werden kann. Wir aber werden kulturell und emotional immer arroganter, immer eitler. Wir sind dabei, nicht nur das Gefühl für die Schönheit der Demokratie zu verlieren, sondern auch das Gefühl dafür, dass sie in Gefahr ist.

Demokratie ist in einer ebenso schönen wie gefährlichen Idee begründet, die faktisch besagt, dass mehr Gutes als Böses entsteht, wenn sich der Volkswille frei äußern darf. Bei der Gründung unseres

Landes war zum ersten Mal in der Geschichte der Zivilisation eine Nation bereit, auf die gewagte Idee zu bauen, dass mehr Gutes als Böses im Menschen steckt. Bis dahin war man allgemein der Ansicht, die Mächtigen da oben wüssten alles am besten; der Mensch war schlecht und musste gebändigt werden. Nun dürfen wir aber eines nicht vergessen: Nur weil wir bisher eine große Demokratie waren, heißt das noch lange nicht, dass das auch weiterhin so bleiben muss.

Demokratie ist etwas Lebendiges. Sie verändert sich. Sie verändert sich unablässig. Das ist ein Grund, warum ich einen uniformen Patriotismus verabscheue. Demokratie darf man nicht als etwas Selbstverständliches hinnehmen. Sie ist immer in Gefahr. Wir wissen alle, dass jeder Mann und jede Frau sich von einem relativ guten zu einem schlechten Menschen verändern kann. Wir können alle korrupt oder verbittert werden. Wir alle können von den Missgeschicken des Lebens überwältigt werden, können gleichgültig werden und aufgeben. Die Tatsache, dass wir bisher eine große Demokratie waren, bedeutet nicht automatisch, dass wir auch eine bleiben, solange wir nur weiter die Fahne schwenken. Das ist schändlich. Eine Monarchie nimmt man als gegeben hin oder einen faschistischen Staat. Es bleibt einem nichts anderes übrig. Die Dinge sind, wie sie sind. Aber eine Demokratie verändert sich unablässig.

4

Die Angst, die alle Menschen Fahnen schwenken ließ, war unser Albtraum vom Terrorismus. Albträume sagen uns, dass das Leben absurd ist, unvernünftig, ungerecht, verkorkst, verrückt und lächerlich gefährlich. Der Terrorismus will uns glauben machen, dass unser Tod nichts mit unserem Leben zu tun haben wird, so als würde selbst der Tod noch für eine letzte Identitätskrise sorgen.

Für die meisten von uns wird das Verhältnis zum eigenen Tod von der Erwartung mitbestimmt, dass eine gewisse Logik darin liegen wird. Wir verbringen einen großen Teil unseres Lebens damit, nach dieser Logik zu suchen. Wir leben auf eine bestimmte Weise, leben einige Tugenden und einige Laster aus und unterdrücken andere. Aus der Summe all dessen, was wir getan und unterlassen haben, wird unsere letzte Krankheit entstehen. Das jedenfalls nehmen die meisten von uns an. Man kann das sogar als logische Folgerung ansehen: Wir zahlen mit unserem Körper für die Sünden und Ausschweifungen unseres Kopfes und unseres Herzens. Fast als wollten wir es so haben. Das Absurde blockiert, ja foltert unsere Psyche; die vernünftige Einsicht in logische Konsequenzen bestätigt sie, und manchmal spendet sie ihr sogar Trost.

Der Terrorismus jedoch macht diese Gleichung zunichte. Das Verständnis vom Tod, das wir uns erarbeitet haben, geht verloren. Wir können keinen Sinn mehr in unserem Leben entdecken.

5

DOTSON RADER: Hassen Sie also den Terrorismus?

NORMAN MAILER: Ich hasse ihn. Ich verabscheue ihn. Da ich an die Wiedergeburt glaube, meine ich, dass die Art des Todes für den Menschen von immenser Bedeutung ist. Man möchte seinem Tod mit einer gewissen Ernsthaftigkeit entgegentreten können. Es kommt mir schrecklich vor, ohne Vorwarnung getötet zu werden. Weil man sich nicht im mindesten auf seine nächste Existenz vorbereiten kann. Ein solcher Tod trägt also zur Absurdität bei. Das Leben absurd machen, darauf will der Terrorismus hinaus.

Wenn ich an die beinahe dreitausend Menschen denke, die in der Twin-Towers-Katastrophe gestorben sind, gilt meine Trauer nicht einmal so sehr jenen, die gute Väter und gute Mütter, gute Töchter, gute Brüder und gute Ehemänner oder Söhne waren, sondern jenen, die aus weniger glücklichen Familien kamen. Wenn in einer intakten Familie jemand stirbt, helfen Zärtlichkeit und Trauer den Hinterbliebenen, ins Leben zurückzufinden. Wenn aber jemand stirbt, der von seiner eigenen Familie halb geliebt und halb gehasst wurde, dessen Kinder zum Beispiel stets versuchten, näher an diesen Mann oder an diese Frau heranzukommen, und es doch nie wirklich schafften, dann sind die Nachwirkungen quälend. Solche Menschen werden am schlimmsten getroffen. Ich will sie nicht zerrüttete Familien nennen, aber es sind die weniger gut funktionierenden Familien, in denen der Terrorismus die tiefsten Wunden hinterlässt. Denn hier bleibt das schreckliche Leid zurück, dass man nicht mehr mit seiner toten Tochter, dem toten Vater oder Bruder oder dem toten Partner reden kann. Man kann die Dinge nicht mehr geraderücken. Man wollte es, hoffte darauf, und nun ist es zu spät. Das macht es unendlich qualvoll.

DOTSON RADER: Würden Sie Terrorismus als Schlechtigkeit definieren, als das Böse?

NORMAN MAILER: Meiner Ansicht nach gibt es einen gewaltigen Unterschied zwischen böse und schlecht. Die Worte sind für mich nicht synonym. Ein schlechter Mensch erhöht ständig den Einsatz, ohne zu wissen, was er tut. Auf die meisten von uns trifft das bis zu einem gewissen Grad zu. Wenn wir Spiele spielen oder – in welcher Form auch immer – von Abenteuerlust ergriffen werden, sind wir fast alle irgendwie schlecht: Wir erhöhen dauernd den Einsatz, ohne dass wir das Ergebnis kennen. Wir sind verderbt, wenn Sie so wollen.

Böse sein heißt dagegen, ziemlich genau zu wissen, welch irreparablen Schaden man anrichten wird, und es trotzdem zu tun. In diesem Sinn ist der Terrorismus böse, ja.

Dennoch lohnt sich der Versuch, den Terrorismus in dem Zusammenhang zu sehen, in dem er für die Terroristen steht. Sie meinen auf eine Krake einzustechen, die ihre Welt zerstören will. Sie fühlen sich tugendhaft. Der einzelne Terrorist mag gegen jede Regel des Islam verstoßen – er kann zum Beispiel Drogen nehmen oder übermäßig trinken –, aber am Ende glaubt er immer noch daran, dass er Erlösung finden wird, wenn er sich opfert. Er ist nur ein kleiner Splitter in dem spirituellen Schiffbruch, den die Welt gerade erlebt. Schließlich laufen in Amerika auch eine Menge Leute der Rechten herum, die sagen: «Bringen wir doch alle Moslems um; dann wäre alles viel einfacher.» Glauben Sie denn, der Islam hätte den Terrorismus für sich gepachtet?

DOTSON RADER: Ich glaube, dass uns ein Krieg der Kulturen bevorsteht, und zwar zwischen einem islamischen Todeskult –

NORMAN MAILER: Moment mal. Todeskult? Da gehen

29

Sie zu weit. Auf jeden Muslim, der an Ihren Todeskult glaubt, kommen Tausende anderer, die das nicht tun. Die Leute, die bereit sind, ihr Leben zu opfern, bilden eine ganz bestimmte Gruppe. Das brauchen nicht viele zu sein.

DOTSON RADER: Aber auf den Straßen werden sie von Millionen bejubelt.

NORMAN MAILER: Ach, jubeln ist nicht schwer. Ich kann Sportlern zujubeln, die den entscheidenden Touchdown machen, ohne auch nur das Geringste über sie zu wissen. Da bejubele ich eine Idee, mein Team! Das ist die eine Sache. Sein eigenes Blut zu vergießen ist eine ganz andere. Dazwischen liegt ein Abgrund. Viele Muslime hassen uns, aber deshalb sind sie noch lange keine Terroristen.

Und dennoch, es sind so viele, die uns hassen.

DOTSON RADER: Gut, zugegeben, aber warum? Warum sind wir so verhasst?

NORMAN MAILER: Zum Teil aus Neid. Manche menschlichen Regungen liegen offen zutage. Doch wir werden auch aus tiefer liegenden Gründen gehasst. Der Kapitalismus der Großkonzerne hat die Neigung, immer gleich ganze Bereiche der Wirtschaft anderer Länder zu übernehmen. Oft sind wir nicht viel besser als Barbaren. Wir achten nicht immer darauf, was wir gerade niedertrampeln. Und dass wir mit diesen Wirtschaftsinvasionen nicht selten erfolgreich sind, verstärkt die Wut nur noch. Wenn Sie in Moskau zu McDonald's gehen, sind die Fußböden aus Marmor. Die russische Entsprechung junger Konzernmanager telefoniert per Handy quer durch den Raum. Und sie sind stolz darauf. An der staatlichen Universität Moskau sprach ich einmal vor einer Klasse, die amerikanische Literatur studierte. Einer der Studenten fragte mich: «Gibt es irgendetwas an unserer Wirtschaft, das sich mit der amerikanischen vergleichen lässt?» «Ja», sagte ich. «Euer McDonald's ist besser als der bei uns.» Das hat ihnen gefallen. Sie waren begeistert. Da konnten sie endlich etwas besser als wir. Es war, als würde das Footballteam des Brooklyn College gegen die University of Nebraska spielen. Es stand hundert zu null, aber dann haben sie ein Field Goal erzielt – schon steht es hundert zu drei. Und die Fans von Nebraska rasten schier aus. So etwa ist es auch mit den Leuten – und zwar den jungen Leuten in Moskau –, die positiv auf die amerikanische Firmenkultur reagieren.

Nun denken Sie an all die anderen Menschen in Russland, die schon allein den Gedanken daran hassen, dass sie nicht nur von den Vereinigten Staaten in den Bankrott getrieben wurden, nicht nur von einem Kommunismus betrogen worden sind, an den viele von ihnen geglaubt haben, sondern jetzt zu allem Übel auch noch kulturell von Leuten überrollt werden, die das Essen zuallererst als Möglichkeit zum Geldscheffeln betrachten. Und was am allerschlimmsten ist: Die Jungen finden das auch noch toll. Die Jugend entfernt sich von ihnen. So wächst der Hass auf Amerika weiter.

Nehmen wir jetzt mal den Einbruch des Westens in die islamische Kultur. Die Muslime sehen in der modernen Technologie und den kapitalistischen Großkonzernen eine Gefahr für den Islam: Für sie zielt alles, was aus Amerika kommt, auf die Zerstörung seiner Fundamente. Orthodoxe Muslime finden die enorme Freiheit, die den Frauen in der amerikanischen Kultur zugestanden wird, empörend. Das amerikanische Fernsehen halten sie für absolut sittenlos. Sie haben das Gefühl, die amerikanische Kultur unterwandere alles, wofür der Islam steht. Um es noch einmal auf den Punkt zu bringen: Der Hass, den die Muslime gegen uns verspüren, speist sich im Kern aus der Angst, sie könnten ihre eigenen Leute an die westlichen Werte verlieren. Vielleicht wünscht sich die Hälfte der Menschen in muslimischen Ländern insgeheim eine Befreiung vom Islam. Umso extremistischer werden diejenigen, die die alte Religion erhalten wollen. Viele Muslime können mit der Unerschütterlichkeit ihres Glaubens jeden fundamentalistischen Christen beschämen. Schließlich ist es ein interessanter Glaube.

Im Islam gibt es ein faszinierendes Element, die Vorstellung nämlich, dass vor Gott alle Muslime gleich sind, ein ungeheurer Gleichheitsgedanke. Wie alle organisierten Religionen endet aber auch der Islam in der Praxis als Zerrbild seiner selbst.

Genau wie im Christentum ist das Mitgefühl dort das höchste Gut, und doch erscheint die Welt, wie sie sich momentan präsentiert, eher wie ein Lehrstück über militärische Macht und Gier. Der Islam erlaubt keinem Muslim, sich über einen anderen Muslim zu erheben. In Wirklichkeit aber werden die Menschen in vielen Ländern unterdrückt, die nur die Reichen begünstigen, während den Armen immer weniger bleibt – in so mancher muslimischen Gesellschaft besteht eine gewaltige Ungleichheit zwischen Arm und Reich. Und die Macht liegt in den Händen von Tyrannen.

Natürlich hat der Koran, ebenso wie das Alte und das Neue Testament, für jeden etwas zu bieten. Da kann man nach Norden und Süden gehen, sich nach Westen oder Osten wenden. Doch während vieler Jahrhunderte hat es zahlreiche Revolutionen innerhalb der islamischen Welt gegeben, um den ursprünglichen Glauben wiederherzustellen. Man kann den Islam erst verstehen, wenn man begriffen hat, dass sich ein wahrhaft frommer Muslim in direkter Verbindung mit Gott weiß. Die islamische Kultur ist die bedeutendste Erfahrung seines Lebens, und diese Kultur wird nun unterwandert. Er empfindet uns gegenüber einen ähnlichen Abscheu wie, sagen wir, ein Katholik, in dessen Kirche eine schwarze Messe gefeiert wird.

DOTSON RADER: Aber wenn das wirklich stimmt, wenn das die Gründe sind, gibt es keine Heilung.

33

Norman Mailer: Jedenfalls keine schnelle. Ich würde sogar so weit gehen zu sagen, dass dies hier ein Krieg zwischen denen ist, die glauben, der technologische Fortschritt sei das beste Mittel gegen alle menschlichen Gebrechen, und denen, die meinen, wir seien irgendwann vor einhundert, zweihundert oder fünfhundert Jahren vom rechten Weg abgekommen und seitdem immer in derselben falschen Richtung weitermarschiert, die meinen, die Aufgabe des Menschen hier auf Erden bestehe nicht darin, immer mehr Macht durch Technologie zu erlangen, sondern unsere Seele zu läutern. Das ist die große Spaltung, mit der wir heute leben – und viele Amerikaner sehen das genauso. Sie wissen schon: Was hülfe es mir, wenn ich die ganze Welt gewönne und nähme doch Schaden an meiner Seele?

Also, ich will mich nicht selber in eine Ecke manövrieren, in der ich den Islam verteidige. Ich bin sicher, die haben auch nicht weniger Schweinehunde als wir, vielleicht sogar mehr. Wahrscheinlich mehr, weil dort viel schlechtere Lebensbedingungen herrschen und die Menschen unter größerem Druck stehen. Muslime tragen auch ein ungeheures Gefühl der Schmach mit sich herum, weil sie um 1200, 1300 n. Chr. eine überlegene Zivilisation waren, die fortschrittlichste Kultur damals überhaupt, und nun hinken sie hinterher. Sie leiden heftig unter dem Gefühl, versagt zu haben.

Denken Sie mal an die Zeiten in Ihrem Leben, in denen Sie sich als Versager fühlten, und erinnern Sie sich an die Bitterkeit, die Wut und die Verwirrung. Und nun denken Sie einmal an die Millionen von Gläubigen, dann können Sie sich ungefähr vorstellen, wie schlimm das werden kann.

Wir im Westen haben diese Angewohnheit, immer nach Lösungen zu suchen. Zur Technologie gehört die Annahme, dass für jedes Problem auch eine Lösung existiert, oder zumindest etwas, das dem sehr nahe kommt. Diesmal gibt es vielleicht keine Lösung – vielleicht ist dies der Beginn einer internationalen Krebserkrankung, die wir nicht heilen können. Was geht in einer Krebszelle vor sich? Ihr Hauptziel besteht zweifellos darin, so viele Zellen wie möglich abzutöten und so viele Organe wie möglich zu erobern. Entsprechend werden die Terroristen also ihrerseits umso glücklicher sein, je mehr Menschenleben sie auslöschen können. Aber bevor Sie jetzt zu empört und selbstgerecht werden, lassen Sie mich Ihnen folgende Frage stellen: Hat Harry Truman bei dem Gedanken, dass hunderttausend Menschen in Hiroshima und zwei Tage später noch einmal hunderttausend in Nagasaki getötet worden waren, bebend in seinem Bett gelegen, oder war er stolz, dass er den Krieg gewonnen hatte?

6

Und das, könnte man noch hinzufügen, mit außergewöhnlichen Mitteln, die nie zuvor eingesetzt worden waren. Die Explosion der ersten Atombombe hatte ungleich größere Auswirkungen auf die menschliche Identität, und zwar die Identität der Menschen auf der ganzen Welt, als der 11. September; ja – es war eine andere Größenordnung. Wir haben uns nie von der Erkenntnis erholt, dass das Schicksal unserer irdischen Welt von einer Bombe abhängt, die alles menschliche Ermessen übersteigt. Diese Bombe hat so viele Wurzeln der menschlichen Geschichte ausgerissen. Den Preis dafür zahlen wir bis heute.

Zwei

Warum wir im Krieg sind

Am Anfang, als unsere Regierung auf Krieg zu dringen begann, waren die Verbindungen zwischen Saddam Hussein und Osama bin Laden wahrscheinlich eher unbedeutend. Jeder hatte Grund, dem anderen zu misstrauen. Aus Saddams Sicht war bin Laden der denkbar lästigste Zeitgenosse, ein religiöser Eiferer, ein lebender Sprengsatz, ein Krieger, der keinem Befehl gehorcht. Für bin Laden war Saddam eine gottlose Bestie, ein unbeherrschter Narr, dessen kühne Projekte unweigerlich scheitern mussten.

Außerdem waren sie Konkurrenten. Beide wollten über die Zukunft der muslimischen Welt bestimmen; bin Laden möglicherweise zum größeren Ruhme Allahs und Saddam für das irdische Vergnügen, seine Macht ins Ungeheure zu vermehren. Früher, im 19. Jahrhundert, als die Briten noch ihr Empire besaßen, hätte der Radscha es sich angelegen sein lassen, die beiden aufeinander zu hetzen. Diese Regel galt für viele viktorianische Irrenhäuser: Sollen die Verrückten es unter sich austragen, anschließend kümmern wir uns um die ein oder zwei, die übrig bleiben.

Heute gelten freilich andere Ziele. Sicherheit gilt als unsicher, solange der militärische Erfolg nicht durch-

schlagend ist. Amerikas erste Reaktion auf den
11. September bestand in der Absicht, bin Laden und
al-Qaida zu vernichten. Als es jedoch beim Feldzug in
Afghanistan nicht gelang, den wichtigsten Protagonis-
ten gefangen zu nehmen, als man nicht einmal mit
Gewissheit sagen konnte, ob er tot war oder am Leben, musste ein neues Spiel beginnen. Unser Weißes
Haus beschloss, dass die Kugel sich unter einem anderen Hütchen befand. Statt al-Qaida: der Irak.

Politische Führer und Staatsmänner sind ernsthafte
Menschen, auch wenn sie sich wie Narren aufführen,
und nur selten handeln sie ohne einen tieferen Grund,
mit dem sie sich vor sich selber rechtfertigen können.
Diesen verdeckten Motiven der Bush-Regierung will
ich hier nachgehen. Ich möchte begreifen, worin für
den Präsidenten und seinen engeren Kreis die Logik
ihres gegenwärtigen Unternehmens besteht.

Beginnen will ich mit Colin Powells Präsentation vor
den Vereinten Nationen am 5. Februar 2003. Seine
Ausführungen waren bis zu einem gewissen Punkt
sehr detailliert, und er konnte (was niemanden groß
überraschte) ohne weiteres belegen, dass Saddam
Hussein, wo immer es ging, jede Vorschrift der Inspekteure verletzte. Schließlich verfügte Saddam über
ein hoch empfindliches Gespür für die Wechselfälle
der Geschichte. Er hatte eines begriffen: Je länger er
mächtige Staatsmänner hinhalten konnte, desto mehr
bekamen sie die nervtötende Langeweile satt, mit

einem ausgemachten Lügner verhandeln zu müssen, der sich durch keinerlei Verpflichtung und Zusammenarbeit gebunden fühlte. Ein vollkommener Lügner zu sein ist eine große Gabe. Wenn man nie die Wahrheit sagt, ist man praktisch ebenso sicher wie der Ehrliche, der nie die Unwahrheit spricht. Wird man darauf hingewiesen, dass man heute das Gegenteil von dem schwört, was man gestern beteuert hat, muss man nichts weiter als «Das habe ich nie gesagt» antworten. Sollte die Aussage dokumentiert sein, erklärt man sich für grob missverstanden. So sorgt man für unendliche Verwirrung, in der es von Deutungsmöglichkeiten nur so wimmelt.

Saddam gelang es auf diese Weise, von 1991 bis 1998 sieben Inspektionsjahre zu überleben. Er hatte, meist unter der Hand, Geschäfte mit den Franzosen, den Deutschen, den Russen und den Jordaniern gemacht; die Liste ist lang. Auch verstand er es, mit der Sympathie zu spielen, die die Dritte Welt für ihn empfand. Er überzeugte den einen oder anderen Wohlmeinenden. Die fortgesetzte Grausamkeit der Amerikaner ließ die irakischen Kinder verhungern. Die irakischen Kinder litten durch das Embargo, das sich Saddam selber eingehandelt hatte, zum großen Teil unter gravierender Unterernährung, aber natürlich hätte er sich, wären sie gesund gewesen, zwei Dutzend Sechsjährige gehalten und sie so lange hungern lassen, bis es für ein passendes Foto gereicht hätte, das dann um die Welt gegangen wäre. Er taugte nichts, und das konnte er beweisen. So gut verstand er sich auf das Spiel, dass es ihm gelang, die Inspektionen 1998 für beendet zu erklären.

Schon vorher sprach man davon – natürlich auch im Weißen Haus –, dass wir als Antwort auf diese grobe Missachtung der Vereinbarungen Soldaten in den Irak schicken müssten. Leider hatte das Abenteuer mit Monica Lewinsky Clinton als Krieger vollständig gelähmt. Auf dem Höhepunkt des öffentlichen Skandals konnte er es sich nicht leisten, auch nur einen Tropfen amerikanischen Blutes zu vergießen. Der Beweis dafür wurde im Kosovo-Krieg erbracht, wo der Nato keine amerikanischen Bodentruppen zu Hilfe kamen und unsere Bomber Sorge trugen, ihre Last so abzuwerfen, dass sie für die serbische Luftabwehr nicht zu erreichen waren. Wir operierten in fünftausend Meter Höhe. Der Irak stand also nicht zur Debatte. Al Gore war damals ein Falke, er stand bereit, zweifellos um auf diese Weise sein Image für den bevorstehenden Wahlkampf aufzupolieren und vom Fohlen zum Hengst zu werden – eine notwendige Bedingung für die Präsidentschaft –, doch Clintons Verwundbarkeit unterdrückte alles.

1998 kam Saddam Hussein damit durch. Seither hatten keine Inspektionen mehr stattgefunden. Colin Powells Rede war voller selbstgerechter Empörung über das unverfrorene, abscheuliche Draufgängertum des bösen Saddam, doch Powell war natürlich viel zu intelligent, um von den aufgedeckten Missetaten überrascht zu sein. Die Rede war ein Versuch, Amerikas Bereitschaft, in den Krieg zu ziehen, anzuheizen – wie verschiedene Umfragen zeigten, war die Hälfte der Bürger nämlich noch nicht dazu bereit. Dieses Ziel hat er mit seiner Rede ganz gewiss erreicht. Der Beweis war erbracht, als sich etliche demokratische Senatoren, die sich bisher abwartend verhalten hatten, für das Abenteuer aussprachen; ja, auch sie waren bereit zum Krieg, Gott segne uns.

Die größte Schwäche in Powells Beweisführung waren die Indizien, die eine Verbindung zwischen dem Irak und al-Qaida belegen sollten. In Anbetracht der mächtigen Schirmherrschaft, unter der die Veranstaltung stattfand, fielen sie allzu dürftig aus. Abgesehen von Großbritannien waren die Staaten mit Vetorecht im Sicherheitsrat – die Franzosen, die Chinesen und die Russen – erkennbar nicht übermäßig wild darauf, Bush und dessen Leidenschaft zu folgen, möglichst rasch in den Krieg zu ziehen. Sie wollten Zeit für gründlichere Inspektionen. Sie versprachen sich mehr von einer Politik der Eindämmung.

Es verging keine Woche, da brachte Al-Dschasira ein Videoband bin Ladens, dem zu entnehmen war, dass er und Saddam jetzt eventuell bereit sein könnten, in direkten Kontakt zu treten, obwohl er die «Sozialisten» in Bagdad «gottlos» nannte. Doch widersprach diese letzte Erklärung ganz und gar dem, was er noch einen Moment zuvor gesagt hatte: «Unter diesen Bedingungen (einem Angriff durch den Westen) entsteht kein Schaden dadurch, dass die Interessen der Muslime (letztlich) dem Interesse der Sozialisten im Kampf gegen die Kreuzzügler zuwiderlaufen.»

Bin Laden hat sich vielleicht absichtlich doppeldeutig ausgedrückt, aber seine Bemerkungen waren eben auch so zu verstehen, dass al-Qaida und Saddam trotz allem gemeinsame Interessen hätten. War es endlich so weit? War der Feind von Saddams Feind nun Saddams Freund geworden? Wenn das zutraf, konnte daraus ein Desaster folgen. Selbst als Sieger über den Irak hätten wir unter genau der Katastrophe zu leiden, die wir durch unseren Feldzug doch angeblich verhindern wollten. Iraks Massenvernichtungswaffen könnten immer noch in der Hand bin Ladens sein.

Ohne diese Waffen würde sich al-Qaida nur mühsam über Wasser halten können. Wenn Saddam ihm aber auch nur einen Bruchteil seiner Biowaffen und seiner Chemievorräte überließe, wäre bin Laden weit gefährlicher. George W. Bushs eingeborenes Dogma, so schnell wie möglich in den Krieg gegen den Irak zu ziehen, musste jetzt die Möglichkeit einkalkulieren, dass Saddam auf einen ungewöhnlichen Gegenzug verfallen war. Dessen Worte hatten sinngemäß Folgendes zu bedeuten: «Lasst mich die Inspekteure weiter hinhalten, und ihr könnt euch einigermaßen sicher fühlen. Verlasst euch darauf, dass ich es nicht eilig habe, Osama bin Laden meine besten Sachen auf dem Silbertablett zu überreichen, jedenfalls nicht, solange wir dieses Katz-und-Maus-Spiel mit den Inspekteuren spielen können. Wenn ihr aber gegen mich in den Krieg zieht, wird Osama sich ins Fäustchen lachen. Vielleicht fahre ich ja zur Hölle, aber er und seine Leute werden sich freuen. Lasst es euch gesagt sein: Er wünscht sich, dass ihr gegen mich zu Felde zieht.»

Da diese Folge von Schachzügen von Anfang an absehbar war, könnte man fragen – und es sind mehr als nur eine Hand voll Amerikaner, die diese Frage stellen: Warum haben wir diese Möglichkeiten nicht verhindert, diese verfluchten Möglichkeiten, die einem keine Wahl mehr lassen?

In der Zwischenzeit beobachtete die Welt mit Schrecken Bushs Kriegspläne. Die europäische Ausgabe des Magazins *Time* führte auf ihrer Website eine Umfrage durch: «Welches Land stellt 2003 die größere Gefahr für den Weltfrieden dar?» Von den 318 000 Lesern, die sich beteiligten, votierten 7 Prozent für Nordkorea, 8 Prozent für den Irak und 84 Prozent für die Vereinigten Staaten …

Oder wie John le Carré es für die *Times* in London formulierte: «Die USA haben wieder eine ihrer Perioden historischen Wahnsinns erreicht, aber das ist die schlimmste, an die ich mich erinnern kann.»

Harold Pinter zog es vor, auf feinsinnige Umschreibungen zu verzichten:

… Die amerikanische Regierung ist inzwischen ein blutgieriges wildes Tier. Sie kann sich nur noch mit Bomben ausdrücken. Wir wissen, dass viele Amerikaner über die Haltung ihrer Regierung entsetzt sind, aber sie sind offenbar hilflos. Wenn Europa nicht die Solidarität, die Intelligenz, den Mut und den Willen aufbringt, sich der amerikanischen Macht zu stellen und sich ihr zu widersetzen, gilt auch für Europa Alexander Herzens Diagnose: «Wir sind nicht die Ärzte, sondern die Krankheit.»

Der Nachrichtenagentur Reuters zufolge gingen am 15. Februar 2003 mehr als vier Millionen Menschen «von Bangkok bis Brüssel, von Canberra bis Kalkutta auf die Straße, um Bush als blutgierigen Kriegstreiber anzuprangern».

Ein kurzer Rückblick auf die zwei Jahre, die vergangen sind, seit George W. Bush sein Amt übernommen hat, kann uns womöglich erklären, warum wir heute dort stehen, wo wir stehen. Am Beginn seiner Präsidentschaft drohte die Gefahr einer Rezession, außerdem war er belastet durch den unglücklichen Beigeschmack, der seinem Amtsantritt nach einer Wahlentscheidung am Rande der Legalität anhaftete. Amerika hatte wieder einmal erfahren, dass die Republikaner ein besonderes Talent für schmutzige juristische Winkelzüge haben. Schließlich verfügen sie über einen machtvollen Gen-Pool. Die Republikaner, die den Wahlkampf führten, mit dem Florida im Jahr 2000 gewonnen werden sollte, kommen aus einer hundertfünfundzwanzig Jahre alten Tradition von Anwälten und Bankern, die genug Kaltblütigkeit und leidenschaftliche Habgier besaßen, um zahllosen Witwen die Hypothek für Haus oder Farm zu kündigen. Diese Anwälte und Banker litten nun keineswegs von morgens bis abends unter Schuldgefühlen. Ihre Seele war mit dem moralischen Äquivalent von Teflon überzogen. Am Sonntag in die Kirche, am Montag kündigen. Selbstverständlich haben ihre Nachfahren in Florida gewonnen. Die Demokraten glaubten immer noch, das Spiel verlaufe nach geheiligten Regeln. Sie hatten nicht begriffen, dass diese Regeln nicht mehr gelten, wenn der Einsatz so ungeheuer hoch ist.

Wenn Bushs Legitimität von Anfang an zweifelhaft war, so weckte seine Amtsführung nur Hohn und Spott. Redete er aus dem Stegreif, klang er einfältig. Schrieben ihm gewandtere Untergebene seine Reden, hatte er Mühe, den Worten sein Benehmen anzupassen.

Dann kam der 11. September und änderte alles. Es war, als seien unsere Fernseher plötzlich lebendig geworden. Jahrelang hatten wir Weltuntergangsepen in der Glotze angeschaut und sie genossen. Wir waren abgeschirmt. Jeder von uns konnte einen winzigen Teil von sich abspalten, ihn in den Kasten spazieren lassen und sich so der Angst aussetzen. Und plötzlich eine Invasion aus dem Jenseits! Eine Erscheinung! Götter und Dämonen fielen in die USA ein, sie kamen direkt vom Bildschirm. Das erklärt vielleicht zum Teil die seltsame, unerklärliche Schuld, die so viele nach dem 11. September spürten. Es war, als ob unbekannte göttliche Mächte voller Wut hervorbrächen.

Natürlich ging es uns nicht gut genug, als dass wir uns wegen des 11. September schuldlos hätten fühlen können. Das manische Geldraffen der neunziger Jahre war nie völlig frei gewesen von unserer alles durchdringenden amerikanischen Schuld. Wir waren glücklich über unseren Reichtum, aber wir fühlten uns doch schuldig. Wir sind eine christliche Nation. Das «judäo» in «judäo-christlich» ist reine Verzierung. Wir sind eine christliche Nation. Die Grundannahme vieler guter Christen in Amerika lautet, dass man gar nicht so reich sein sollte. In Gottes Heilsplan war das nicht unbedingt vorgesehen. Jesus jedenfalls wollte es nicht. Man sollte gar keinen Berg Kohle anhäufen. Man war gehalten, sein Leben mit Werken der Nächstenliebe zuzubringen. Das war nach wie vor die eine Hälfte der guten christlichen Psyche. Die andere, echt amerikanisch, verlangte schon immer: Du musst jeden besiegen. Hier ist eine grausame, aber einigermaßen zutreffende Bemerkung angebracht: Der durchschnittliche Amerikaner ist ein Fleisch gewordener Widerspruch. Du bist ein guter Christ, aber du versuchst doch alles, um im Konkurrenzkampf nicht zu unterliegen. Natürlich vertragen sich Jesus und Evel Knievel nicht besonders gut in ein und derselben Psyche. Menschliche Wut und Schuld suchen sich ihre uramerikanische Ausprägung.

Schon vor dem 11. September hatte sich einiges zum Schlechteren gewendet. Amerikas geistige Architektur wurde seit dem Zweiten Weltkrieg von den Grundpfeilern unserer beinahe mythischen Sicherheitseinrichtungen gestützt, unter denen – beide gleichermaßen unerreichbar für die Verfassung und das Supreme Court – das FBI und die katholische Kirche die prominentesten sind.

All das schlug jetzt auf furchtbare Weise zurück. Der Fall Hanssen, der im Februar 2001 ans Licht kam, lenkte die Aufmerksamkeit auf alte und neue FBI-Skandale. Robert Hanssen war ein ganz besonders frommer Katholik und außerdem fünfzehn Jahre lang ein Maulwurf der Sowjets gewesen. Beim FBI konnte man es nicht fassen. Alle hatten ihn für den reinsten der reinen Antikommunisten gehalten. Nach dem 11. September folgten die Verfahren gegen die katholische Kirche wegen Pädophilie, und in manchem guten katholischen Heim tat sich eine tiefe, schmerzende Wunde auf. Vor allem der Priesterstand litt Höllenqualen. Wie konnte denn ein junger oder auch schon reiferer Mann in der Soutane die Straße entlanggehen, ohne unter dem abgewandten Blick oder dem scheinheiligen Gruß der Pfarrkinder, die er unterwegs traf, zu leiden?

Dann die Börse. Die Kurse fielen immer weiter. Langsam, aber kontinuierlich stieg die Arbeitslosenquote. Die Skandale um die Manager der Großkonzerne zogen immer mehr öffentliches Interesse auf sich.

Amerika hatte sich seit dem Ende des Zweiten Weltkriegs mit der ständigen Ausbreitung der Großkonzerne im amerikanischen Leben abgefunden. Sie waren der Goldesel für die USA, aber dieser Esel schied faulige Gase aus, sorgte durch die Überbetonung der Werbung für Verlogenheit und Manipulation. Die Produkte wurden immer minderwertiger, dafür unterwarf man sich dem Marketing. Marketing war eine Bestie, eine Macht, der es schließlich gelang, den meisten von uns Amerika zu rauben. Es gelang ihr, die Welt seit dem Zweiten Weltkrieg immer hässlicher zu machen. Als Beweis braucht man nur die fünfzigstöckigen Bauten mit Balkonen anzuführen, die in ihrer Form von Kleenex-Schachteln inspiriert sind, oder Einkaufszentren, umgeben von sozialem Wohnungsbau, oder Superhighways, auf denen der Blick sich im Nichts verliert. Und wohin man schaut, ein Leichentuch aus Plastik, allgegenwärtiges Plastik, das den Tastsinn des Säuglings betäuben soll, Plastik, stets vorneweg im Wettbewerb darum, welche neue Substanz die Welt noch unangenehmer machen kann. So wie wir diesen Dreck über den gesamten Erdball verbreitet haben, konnten wir bereits wie eine die ganze Welt beherrschende Spezies auftreten. Wir haben damit die alles durchdringende ästhetische Leere der mächtigsten amerikanischen Firmen exportiert. Für die Armen wurden keine Kathedralen errichtet – nur sechzehnstöckige Stadtverschönerungssiedlungen, die die Seele wie ein Gefängnis umfingen.

Schließlich wurden weitere Machenschaften und Verwüstungen der Großkonzerne aufgedeckt. Es zeigte sich, dass in den Chefetagen Völlerei und Fettlebe herrschten. Der Wirtschaftsteil der Zeitungen wurde jeden Tag mit Enthüllungen über kriminelle Handlungen aufgemacht. Ohne den 11. September hätte George W. Bush ständig mit dem Unbehagen einer immer hässlicher werdenden Berichterstattung leben müssen. Man könnte sogar sagen, dass Amerika eine Reihe von Schlägen traf, die sich mit dem vergleichen ließen, was den Deutschen nach dem Ersten Weltkrieg widerfuhr. Die Inflation zerstörte das deutsche Grundvertrauen darauf, dass man nach einem arbeitsreichen Leben genug Ersparnisse für ein ehrbares Rentenalter angesammelt hätte. Ohne die galoppierende Inflation wäre Hitler zehn Jahre später wahrscheinlich gar nicht an die Macht gelangt. Der 11. September hat dem amerikanischen Sicherheitsverständnis einen ähnlich großen Schaden zugefügt.

Dabei trieben die Konservativen auf eine Spaltung zu. Konservative der alten Schule wie Pat Buchanan waren der Ansicht, Amerika sollte sich auf sich selber besinnen und sich auf die Probleme konzentrieren, für deren Lösung wir die Mittel hatten. Buchanan könnte man den Anführer der Wertkonservativen nennen, die an Familie, Nation, Religion, Tradition, Heim, harte und ehrliche Arbeit, Pflicht, Loyalität und einen ausgeglichenen Haushalt glauben. Die Ideen, Ansichten und Neigungen von George W.

Bush waren nur zum geringsten Teil mit denen Buchanans kompatibel.

Bush war anders. Die Differenzen zwischen seinem Denken und dem der Wertkonservativen erzeugten auf der Rechten eine Kluft, die kaum kleiner war als die Unterschiede zwischen den Kommunisten und den Sozialisten nach dem Ersten Weltkrieg. «Fahnenkonservative» wie Bush legten Lippenbekenntnisse für einige konservative Werte ab, doch in Wirklichkeit scherten sie sich einen feuchten Kehricht darum. Wenn sie sich doch mancher Kernbegriffe bedienten, dann nur, um ihre politische Basis nicht zu verkleinern. Sie benutzten die Fahne. Sie liebten Wörter wie «böse». Eine der schlimmsten Schwächen von Bushs Sprache – um nur kurz in dieses Füllhorn zu greifen – bestand darin, dass er das Wort wie einen Knopf benutzte, den er nur zu drücken brauchte, um seine Macht zu vergrößern. Einige Menschen, die sich nach Bedarf intravenös ein Schmerzmittel verabreichen müssen, können gar nicht genug davon bekommen und drücken immer wieder auf den entsprechenden Knopf. Bush gebraucht das Wort «böse» als Betäubungsmittel für jenen Teil des amerikanischen Volkes, der sich am meisten bedrängt fühlt. In seinen Augen tut er es natürlich, weil Amerika für ihn das Gute verkörpert. Selbstverständlich glaubt er das. Er glaubt, dass dieses Land die einzige Hoffnung für die Welt ist. Außerdem fürchtet er, dass das Land in rasender Geschwindigkeit immer zügelloser wird, und die einzige Lösung könnte darin liegen – grimme, mächtige, beinah heilige Worte –, die einzige Lösung könnte darin liegen, nach einem Weltreich zu streben. Hinter dem ganzen Drang, in den Krieg gegen den Irak zu ziehen, steht der Wunsch, im Vorderen Orient eine Militärpräsenz aufzubauen, um von diesem Sprungbrett aus den Rest der Welt zu übernehmen.

Das ist eine starke Behauptung, aber so viel lässt sich immerhin sagen: Im Fahnenkonservativismus äußert sich nicht etwa Wahnsinn, sondern eine verborgene Logik; er ist logisch, wenn man seine Prämissen akzeptiert. Aus der Sicht eines militanten Christen ist Amerika bis ins Mark verdorben. Die Unterhaltungsmedien sind frivol. Auf jedem Bildschirm bloße Bauchnabel, unverblümt in ihrer Botschaft wie die Augen eines wilden Tieres. Unsre Kinder können fast schon nicht mehr lesen, aber ficken, das können sie. Sollte Amerika zu einer internationalen Militärmaschine werden, riesig genug, um alle Gegner zu besiegen, brächte das dem Weißen Haus den Vorteil, dass unsere sexuelle Freiheit – dieser ganze schwule, feministische, lesbische und Transvestiten-Zirkus – als übertriebener Luxus erkannt und rasch wieder von der Bildfläche gedrängt würde. Engagement, Patriotismus und Hingabe (mitsamt der unvermeidlichen Bigotterie, versteht sich) wären wieder die alles überlagernden nationalen Werte. Wenn wir erst das Römische Imperium in der Version fürs 21. Jahrhundert würden, wäre endlich auch die Zeit für eine moralische Erneuerung gekommen. Das Militär ist selbstverständlich viel puritanischer als die Unterhaltungsmedien. Natürlich sind Soldaten, gleich ob im Kampf oder nicht, verrückter als die Durchschnittsbürger, aber das Oberkommando übt heftigen Druck auf die Soldaten aus und könnte das Muster für einen machtvollen Zensor im Zivilleben abgeben.

Den Fahnenkonservativen erscheint der Krieg inzwischen als die beste aller Lösungen. Jesus und Evel Knievel könnten sich vielleicht doch zusammentun. Bekämpft das Böse, bekämpft es bis in den Tod! Benutze das Wort in jeder Rede fünfzehnmal!

Amerikaner neigen einem eigentümlichen Wahn zu, nämlich dass wir Amerikaner alles können. Ja, sagen die Fahnenkonservativen, wir werden mit allem fertig, komme, was da wolle; wir haben das Knowhow, wir wissen, wie man's macht. Wir werden sämtliche Schwierigkeiten überwinden. Fahnenkonservative glauben allen Ernstes, Amerika sei nicht bloß stark genug, um die Welt zu regieren, sondern sogar dazu berufen. Ohne Engagement für das Imperium gehe das Land den Bach runter. Das ist, so meine Überzeugung, der unausgesprochene, der stets bestrittene Subtext hinter dem Irak-Projekt, und die Fahnenkonservativen wissen vielleicht gar nicht, wie weit das Unternehmen reicht, jedenfalls nicht alle. Noch nicht. Außerdem kann sich George W. Bush auf ein paar weitere bewährte Stimmungen verlassen, die sein Vorhaben stützen.

Da ist zunächst einmal die Tatsache, dass der amerikanische Nationalstolz heute zu einem Großteil auf den drei Säulen aus Großkapital, Sport und Flagge ruht. Ungefähr ein Drittel unserer Leichtathletikstadien und Sportarenen trägt den Namen von Firmen – Gillette und FedEx sind nur zwei von zwanzig Beispielen. Der Super Bowl konnte in diesem Jahr erst beginnen, nachdem eine amerikanische Fahne in der Größe eines Footballfeldes vom Rasen entfernt worden war. Die U.S. Air Force flog ein lendenbebendes V darüber. Wahrscheinlich treibt halb Amerika eine unausgesprochene Sehnsucht nach Krieg. Er passt in unsere Mythologie. Amerika, so lautet die Logik, ist die einzig verbliebene Macht, die das Böse in eine harmlose Gleichung überführen kann, und George W. Bush ist schlau genug, sie ganz allein aufzustellen. Vielleicht begreift er sogar besser als andere, wie sehr der Krieg im Irak unsere Sucht befriedigen kann, im Fernsehen Abenteuer mitzuerleben. Dieser Gedanke wird manchem weit hergeholt erscheinen, aber sei's drum – das Land wird Jahr für Jahr rüpelhafter. Krieg, ja, das ist auch tolle Fernsehunterhaltung.

Offenkundig aber muss der Krieg gegen den Irak – auch wenn er nicht so begründet wird – zunächst unser Bedürfnis nach Vergeltung für den 11. September befriedigen. Dass der Irak nicht der Schuldige ist, spielt dabei keine Rolle. Bush musste nur die Beweise ignorieren, und er tat es mit aller Kraft, die ein Mann aufbringen kann, der sich selber nie peinlich war. So viele Verbrechen Saddam auch begangen hat, mit dem 11. September hat er nichts zu tun, aber Bush sieht das philosophisch. Der 11. September war böse, Saddam ist böse, alles Böse hängt irgendwie zusammen. Also: der Irak.

Der Präsident kann zugleich die ernsteren polemischen Bedürfnisse vieler Neokonservativer in seiner Regierung befriedigen, die im Islam die Wiederkehr Hitlers für Israel sehen. Der Schutz Israels ist schon in Ordnung für Bush, schließlich bringt das Wählerstimmen, aber er ist sogar notwendig, zumal Bush sich nicht darauf verlassen kann, dass Sharon stets seinen Befehlen folgen wird. Sharon hat Bush in einem Punkt recht fest im Griff, verfügt er doch über den Mossad, den besten Geheimdienst im Nahen Osten, wenn nicht der ganzen Welt. Die CIA, die bekanntlich nur eine Hand voll arabischer Spione in der islamischen Welt untergebracht hat, kann auf Sharons Dienste nicht verzichten.

Das waren lauter gute Gründe für Bush, um in den Krieg zu ziehen. Was das Öl betrifft, darf ich einige Angaben von Ralph Nader zitieren:

Die Vereinigten Staaten verbrauchen derzeit 19,5 Millionen Barrel oder 26 Prozent des täglichen Weltverbrauchs an Öl. (…) Die USA müssen 9,8 Millionen Barrel oder mehr als die Hälfte ihres Bedarfs einführen. (…)

Dieser überwältigenden Abhängigkeit vom Öl können die USA am sichersten durch die Kontrolle jener 76 Prozent der Weltvorräte begegnen, die unter dem Sand am Persischen Golf lagern. Allein der Irak verfügt über bekannte Vorräte von 112,5 Milliarden Barrel oder 11 Prozent der verbliebenen Weltvorräte an Öl. (…) Nur Saudi-Arabien hat noch mehr.

Ich möchte hinzufügen, dass Amerika nach der Besetzung des Irak auch Saudi-Arabien und den übrigen Nahen Osten im Würgegriff hat. Auch der Gedanke, dass wir wegen des Wassers gegen den Irak ziehen, ist nicht abwegig. Ich zitiere aus einem Artikel von Stephen C. Pelletiere, erschienen am 31. Januar 2003 in der *New York Times*:

Viel wurde über den Bau einer so genannten Friedens-Pipeline gesprochen, mit der sich das Wasser von Tigris und Euphrat nach Süden in die ausgedörrten Golfstaaten und sogar bis nach Israel führen ließe. Weil sich der Irak unnachgiebig zeigte, gab es in der Sache bisher keine Fortschritte. Sobald der Irak in amerikanischer Hand ist, könnte sich das natürlich ändern.

Öl ist eines der Motive, auch wenn das nie jemand zugeben wird. Und mit dem Wasser ließen sich Zorn und Wut in der Wüste besänftigen. Das zugrunde liegende

Motiv bleibt jedoch George W. Bushs zugrunde liegender Traum: Imperium!

«Mit welchem anderen Wort als ‹Imperium› lässt sich das Ehrfurcht gebietende Gebilde beschreiben, zu dem Amerika sich gerade entwickelt?», schrieb Michael Ignatieff am 5. Januar 2003 im Magazin der *New York Times*:

> Es ist die einzige Nation, die die Welt mit fünf globalen Militärkommandos überwacht; mehr als eine Million Männer und Frauen auf vier Kontinenten unter Waffen hält; in jedem Ozean Schlachtschiffe patrouillieren lässt; das Überleben von Ländern wie Israel und Südkorea sichert; am Steuer des weltweiten Handels steht und Herz und Verstand der Menschen auf dem ganzen Planeten mit seinen Träumen und seiner Sehnsucht erfüllt.

Timothy Garton Ash bemerkte am 13. Februar 2003 in der *New York Review of Books*:

> Die USA sind nicht nur die einzig verbliebene Supermacht, sondern eine Hypermacht, deren Militärausgaben bald den addierten Etat der fünfzehn mächtigsten Staaten nach ihr erreichen werden. Der EU ist es nicht gelungen, ihre ähnlich große Wirtschaftskraft – die sich rasch den

zehn Billionen Dollar der US-Wirtschaft nähert
– in eine vergleichbare Militärmacht oder in di-
plomatischen Einfluss umzumünzen.

Die meiner Meinung nach gründlichste Erklärung
dieser uneingestandenen Kampagne für ein Imperium
stammt von Jay Bookman, einem Leitartikler des
Atlanta Journal-Constitution. Bookman schrieb am
29. September 2002:

> Dieser Krieg, wenn er kommen sollte, wird den
> offiziellen Auftritt der Vereinigten Staaten als
> ausgewachsenes, weltumspannendes Imperium
> markieren, das für sich die Verantwortung und
> die Autorität eines planetarischen Polizisten be-
> ansprucht. Damit käme nach zehn oder mehr
> Jahren ein Plan zum Abschluss, dessen Urheber
> der Überzeugung sind, dass die Vereinigten Staa-
> ten die Gelegenheit zur Weltbeherrschung er-
> greifen müssen, selbst um den Preis, dass wir ge-
> nau die «amerikanischen Imperialisten» werden,
> als die uns unsere Feinde schon immer bezeich-
> net haben.

1992, im Jahr nach dem endgültigen Fall der Sowjetunion, gab es bei den Rechten in Amerika nicht wenige, die – frühe Fahnenkonservative – der Meinung
waren, dass sich nunmehr eine einmalige Gelegenheit
bot. Amerika konnte jetzt die Welt übernehmen. Im

Verteidigungsministerium wurde ein Papier entworfen, in dem man sich, um Jay Bookman noch einmal zu zitieren,

die Vereinigten Staaten als Riesen vorstellte, der rittlings über der Welt saß, ihr seinen Willen aufdrängte und den Frieden durch seine militärische und wirtschaftliche Macht bewahrte. Als der letzte Entwurf an die Öffentlichkeit kam, zog der Vorschlag so viel Kritik auf sich, dass er rasch zurückgenommen und vom ersten Präsidenten Bush verworfen wurde. (...)
1992 hieß der Verteidigungsminister Richard Cheney; konzipiert hatte das Dokument Paul Wolfowitz, der damals Unterstaatssekretär im Verteidigungsministerium war.

Heute ist Wolfowitz bekanntlich stellvertretender Verteidigungsminister unter Rumsfeld.
Später, zwischen 1992 und 2000, nahm die Clinton-Regierung diesen Traum von der Weltherrschaft nicht auf. Damit lässt sich vielleicht auch der heftige, bösartige Hass erklären, den so viele der Rechten während jener acht Jahre fühlten. Ohne Clinton könnte Amerika bereits jetzt die Welt beherrschen.
Jenes Papier mit dem Titel «Projekt für das neue amerikanische Jahrhundert», 1992 so voreilig entworfen, wurde nach dem 11. September offensichtlich die Basis für die Politik der Bush-Regierung. Die Fahnen-

konservativen triumphierten. Sie konnten nach der Weltherrschaft streben. Der Irak wäre nur der erste Schritt. Dahinter warteten am historischen Horizont nicht bloß der Iran, Syrien, Pakistan und Nordkorea, sondern auch China.

Natürlich bräuchte nicht jedes einzelne Land unterworfen zu werden. Manche müsste man nur in die eine oder andere Form von Partnerschaft überführen. Von China zu sagen, es lebe in einer symbiotischen Partnerschaft mit uns, ginge vielleicht zu weit, andererseits gibt es einige Tatsachen, die dafür sprechen. Es ist keineswegs ausgeschlossen, dass manche der klügeren Neokonservativen die Furcht erregenden Möglichkeiten erkennen, die unser technologischer Fortschritt mit sich bringt. Irak und der Nahe Osten können doch nicht schon alles gewesen sein. In der Zukunft lauern größere nichtmilitärische Gespenster und Gefahren. Ein Artikel von Scott A. Bass Ende Januar im *Boston Globe* legt sie dar:

Forschung und Entwicklung sind in den wichtigen naturwissenschaftlichen Fächern, in der Technologie, den Ingenieurwissenschaften und der Mathematik – den Stammwissenschaften – von den ausländischen Studenten abhängig. (…) Wenn sich der gegenwärtige Trend fortsetzt, haben wir für unsere wirtschaftlichen, strategischen und technologischen Bedürfnisse bald zu wenige amerikanische Studenten, die einen

Hochschulabschluss in den Stammwissenschaften erwerben. Der Strom junger amerikanischer Wissenschaftler und Ingenieure ist zu einem Rinnsal geworden, während in vielen anderen Industrienationen ein weit größerer Prozentsatz in diesen Fächern studiert.

Junge Menschen aus dem Ausland sind begierig, die Stammwissenschaften an amerikanischen Forschungseinrichtungen zu belegen, während sich die einheimischen Studenten nicht dafür interessieren. Viele haben nicht die nötige Ermutigung erfahren, während andere sich den akademischen Anforderungen nicht gewachsen fühlen.

Zwischen 1986 und 1996 ist die Zahl ausländischer Studenten, die in einem der Stammfächer promovierten, beinah viermal so schnell gestiegen wie die der einheimischen. 43 Prozent der Studenten, die im Jahr 2000 den Doktorgrad in Physik erwarben, kamen aus dem Ausland.

Vielleicht hoffen die Fahnenkonservativen ja, dass sie eine Botschaft wie diese nach China schicken können: «Mal herhören! Ihr Chinesen seid offensichtlich richtig schlau. Das merken wir. Wir wissen es! Eure asiatischen Studenten sind geboren für Technologie. Menschen, die ihr Leben lang unterdrückt wurden, beten die Technologie an. Da sie nicht viel vom Leben haben, gefällt ihnen die Vorstellung, kybernetische

Macht in die Finger zu kriegen. Technologie ist genau das Richtige für sie. Da haben wir nichts dagegen; Jungs, ihr könnt eure Technologie ruhig haben – hoffentlich ist sie toll! Nur eins, Chinesen, eins schreibt euch hinter die Ohren: Wir haben noch immer die militärische Macht, und sonst niemand. Euch kann gar nichts Besseres passieren, als dass ihr die griechischen Sklaven für uns, die Römer, werdet. Wir werden euch gut behandeln. Ihr werdet wirklich wichtig für uns sein, unglaublich wichtig! Aber bildet euch bloß nicht ein, dass ihr irgendwann mehr kriegt. Die beste Option für euch, Chinesen, ist griechisch, unsere Griechen könnt ihr sein.»

In den dreißiger Jahren wurde man respektiert, wenn man in der Lage war, seinen Lebensunterhalt zu verdienen. In den Neunzigern musste man beweisen, dass man eine viel versprechende Figur unter all den Unersättlichen war. Es kann sein, dass das Imperium von einer unanständig reichen Oberschicht abhängt, die, weil sie mit der unablässigen Bedrohung ihres Reichtums leben muss, im tiefsten Grunde ihres Herzens keine besondere Loyalität zur Demokratie verspürt. Wenn das zutrifft, dann lässt sich auch sagen, dass der unverhältnismäßige Reichtum, der während der Neunziger angehäuft wurde, an der Spitze einen unwiderstehlichen Druck weg von der Demokratie, hin zum Imperium erzeugt hat. Damit ließen sich die großen, schnell erworbenen Gewinne sichern. Kann es sein, dass George W. Bush weiß, was er für die Zukunft des Imperiums tut, wenn er den Reichen diese riesigen Steuererleichterungen gewährt?

Natürlich sind Terrorismus und Instabilität die Kehrseite des Imperiums. Wenn sich die saudischen Herrscher schon vor ihren eigenen Mullahs und deren Macht fürchteten, Terroristen aufzuwiegeln, wie wird die muslimische Welt dann erst aussehen, wenn wir, der große Satan, dort sind, um den Nahen Osten leibhaftig zu beherrschen?

Da der Regierung diese Gefahren kaum verborgen sein können, läuft die Antwort darauf hinaus, dass Bush und seine Leute sich offenbar auf einen größeren terroristischen Angriff und viele weitere kleine gefasst machen. Auf jeden Fall werden sie seine Macht noch stärken. Amerika wird sich erneut um Bush scharen. Wir können seine Worte schon jetzt hören: «Heute sind gute Amerikaner gestorben. Unschuldige Opfer des Bösen haben ihr Blut vergossen. Aber wir werden siegen. Gott steht uns bei.» In einer solchen Sprache gilt jeder Verlust als Gewinn.

Doch solange der Terrorismus anhält, wird auch sein Gegenstück Bestand haben, und da lauert das Grauen in der n-ten Potenz. Das Prinzip der Abschreckung funktionierte im Kalten Krieg nicht nur, weil beide Seiten alles verlieren konnten, es gehörte dazu auch ein für beide Seiten eingebautes Moment der Unsicherheit: Konnte man denn darauf setzen, dass jemand wirklich den apokalyptischen Schalter umlegen würde, der zur Weltherrschaft führte? Deshalb war letztlich jeder Plan für den Untergang vom Scheitern bedroht. Wie hätte sich eine Supermacht sicher sein können, dass ein bis dahin vollkommen vertrauenswürdiger Mensch, dem die Aufgabe zufiel, auf den Knopf zu drücken, im entscheidenden Moment auch zuverlässig genug war, um tatsächlich die andere Hälfte der Menschheit auszulöschen? Im letzten Moment konnte eine dunkle Wolke ihn umfangen. Er konnte zu Boden stürzen, ehe er die Tat ausführen konnte.

Diese menschliche Unzuverlässigkeit gilt allerdings nicht für den Terroristen. Wenn er bereit ist, sich selber zu töten, dann kann er auch die Welt vernichten. Die Kriege, die wir bis in unsere Zeit erlebt haben, mögen schrecklich gewesen sein, aber sie waren doch mit der Gewissheit verbunden, dass sie irgendwann wieder aufhören würden. Der Terrorismus hingegen hat nichts übrig für Verhandlungen. Viel eher neigt er dazu, kein Ende vor dem Sieg zu kennen. Und da der Terrorist nicht triumphieren kann, muss er immer ein Terrorist bleiben. Der Terrorismus ist ein echter Feind, viel mehr als ein Land der Dritten Welt mit einem Atomprogramm. Solche Länder erscheinen zwar unweigerlich auf der Bühne, aber sie sind bereit, mit Abschreckung und den darin eingebauten Folgen zu leben – Abkommen nach Jahren oder Jahrzehnten passiver Konfrontation und harter Verhandlungen.

Das meiste, was bisher vorgebracht wurde, gilt der neokonservativen Mentalität, allerdings gibt es auch einen Aspekt der fahnenkonservativen Kampagne für die Invasion in den Irak, der die Unterstützung der Linken findet. Ein Teil der linken Medien, einige Kolumnisten des *New Yorker* und der *Washington Post* und etliche bei der *New York Times* haben sich mit den Senatoren Hillary Clinton und Dianne Feinstein, mit Joe Lieberman und John Kerry zusammengetan. Sie alle verbindet die Vorstellung, dass wir dem Irak durch eine Invasion vielleicht die Demokratie bringen können. In einer sorgfältig abgewogenen Bewertung aller Möglichkeiten sprach Bill Keller am 8. Februar 2003 auf der Meinungsseite der *New York Times* von einem schnellen und erfolgreichen Krieg:

Nehmen wir an, das Regime von Saddam Hussein beginnt unter dem ersten Schwall von Marschflugkörpern zu wanken. Die Panzerkolonnen, die von Kuwait aus ins Land rumpeln, werden nicht von chemischen Sprengköpfen heimgesucht. Es gibt kein Blutbad unter den Zivilisten. Selbst dann wird ein Sieg im Irak noch nicht die große Frage lösen, was wir eigentlich sein wollen in der Welt. Sie wird sich nur umso lauter stellen.

Ist es unser Ziel, für eine weltliche Demokratie oder für Stabilität zu sorgen? Manche, wahrscheinlich auch einige in Mr. Bushs Kabinett, werden behaupten, es habe alles nur der Entwaffnung gedient. Sobald die erledigt ist, werden sie sagen, sobald Saddams Republikanische Garden gesäubert sind, können wir das Land einigen sunnitischen Generälen überlassen und unsere Truppen innerhalb von achtzehn Monaten wieder zu Hause haben.

Oder es schwebt uns eine echte Demokratie für den Irak vor, argumentiert Keller weiter, und der ganze Nahe Osten wird davon profitieren. Das klingt, als hätten diese Demokraten erkannt, dass sich Bush nicht mehr aufhalten ließ und man sich ihm deshalb anschließen musste. Würde man sich auf eine Antikriegs-Position festlegen, wäre so gut wie sicher, dass die Demokraten nicht mit am Tisch sitzen, wenn über die Zukunft des Irak verhandelt wird. Das Argument lässt sich bis zu einem gewissen Punkt aufrechterhalten, doch dieser Punkt hing von vielen Unwägbarkeiten ab, vor allem davon, dass der Krieg kurz und nicht entsetzlich sein würde.

Wieder meldet sich Bill Clintons Version der außenpolitischen Überheblichkeit. Der Hinweis darauf, dass es uns gelungen sei, in Japan und Deutschland eine Demokratie zu errichten, und deshalb könnten wir das überall, ist nicht unbedingt überzeugend. Japan und Deutschland konnten auf eine lange Nationalgeschichte zurückblicken und besaßen eine homogene Bevölkerung. In beiden Staaten gab es tiefe Schuldgefühle wegen der Verwüstungen, die ihre Soldaten in fremden Ländern angerichtet hatten. Fast alles wurde in Deutschland und Japan zerstört, aber sie verfügten über die notwendigen Voraussetzungen, um ihre Städte rasch wieder aufzubauen. Die Amerikaner, die sich an der Herstellung der Demokratie beteiligten, brachten die Erfahrung von Roosevelts New Deal mit und waren, damals nicht ungewöhnlich, tatkräftige Idealisten.

Der Irak dagegen war nie eine echte Nation. Die Briten stückelten nach dem Ersten Weltkrieg einen Flickenteppich zusammen, auf dem Sunniten, Schiiten, Kurden und Turkmenen lebten, die einander bestenfalls heftig misstrauten. Wahrscheinlicher ist ein Ergebnis wie in Afghanistan, wo die Trennlinien zwischen den Einflusssphären verschiedener Warlords verlaufen. Niemand wird sich zu der Behauptung versteigen, dass sich hier eine Demokratie errichten ließe, aber die Arroganz besteht fort. Es scheint sich noch nicht herumgesprochen zu haben, dass wir die Demokratie nicht in uns tragen, um sie in jedem anderen Land aufzubauen, nur weil wir das so wollen. Wahre Demokratie erwächst aus vielen winzig kleinen Auseinandersetzungen zwischen Menschen, die über Jahrzehnte, vielleicht sogar über Jahrhunderte geführt werden, Auseinandersetzungen, die schließlich für Traditionen sorgen. Wenn man diese Werte missachtet, spielt man mit einem edlen und empfindlichen Gut.

Es gibt nichts Schöneres als Demokratie, aber man darf nicht mit ihr spielen. Es wäre Unsinn, anzunehmen, dass man nur mal rübergehen und denen zeigen muss, wie toll unser System ist. Das ist nur grauenhafteste Arroganz.

Da die Demokratie etwas Edles ist, ist sie auch stets gefährdet. Das Edle ist immer in Gefahr, Demokratie leicht verderblich. Angesichts der hässlichen Tiefen der menschlichen Natur ist für die meisten der Faschismus die natürliche Regierungsform. Faschismus scheint ihnen natürlicher als Demokratie zu sein. Ungeniert anzunehmen, dass wir Demokratie in jedes Land unserer Wahl exportieren könnten, kann paradoxerweise dazu führen, dass man den Faschismus zu Hause wie im Ausland fördert. Demokratie ist ein Stand der Gnade, den nur wenige Länder erreichen, Länder, in denen die Menschen nicht bloß bereit sind, sich der Freiheit zu erfreuen, sondern sich auch der Mühe unterziehen, sie am Leben zu erhalten.

Das Bedürfnis nach einer machtvollen Theorie kann manchmal in einen abgrundtiefen Irrtum führen. Man könnte sich beispielsweise über die unausgesprochenen Motive der Regierung täuschen. Vielleicht ist sie ja gar nicht so sehr auf ein Imperium aus, sondern versucht vielmehr in bester Absicht, die Welt zu retten. Wenigstens können wir sicher sein, dass Bush und seine Leute das glauben. Jeden Sonntag, wenn sie in die Kirche gehen, glauben sie es so inbrünstig, dass ihnen die Tränen kommen. Natürlich sind es die Taten von Menschen und nicht ihre Gefühle, die Geschichte machen. Unsere Gefühle können auf den Wogen reiner Liebe treiben, doch mit unseren Taten können wir das Gegenteil erreichen. Die Perversion versucht, sich immer mit den besten Motiven in der menschlichen Natur zu verbünden.

David Frum, der Reden für Bush geschrieben hat (der Ausdruck «Achse des Bösen» geht auf ihn zurück), berichtet in seinem Buch «The Right Man: The Surprise Presidency of George W. Bush» (Der rechte Mann. Die überraschende Präsidentschaft von George W. Bush), was im vergangenen September bei einem Treffen im Oval Office geschah. Der Präsident unterhielt sich mit einer Gruppe von Vertretern der wichtigsten Konfessionen und erzählte ihnen Folgendes:

Wie Sie wissen, war ich ein starker Trinker. Eigentlich sollte ich jetzt in einer texanischen Bar und nicht im Oval Office sein. Es gibt nur einen Grund, warum ich im Oval Office und nicht in einer Bar bin: Ich habe den Glauben gefunden. Ich habe Gott gefunden. Ich bin hier wegen der Macht des Gebets.

Das sind gefährliche Worte. Wie schon Kierkegaard bemerkte, können wir uns weder sicher sein, wo unsere Gebete hingehen noch von wem die Antworten kommen. Wir glauben uns womöglich in der allernächsten Nähe Gottes und dienen längst dem Teufel als Werkzeug.

«Unser Krieg gegen den Terror», sagt Bush, «beginnt mit al-Qaida, aber er hört nicht auf, ehe nicht jede weltweit operierende Terrorgruppe entdeckt, ausgeschaltet und besiegt ist.» Was aber, fragt Erik Alterman in *The Nation*, was aber, wenn es sich Amerika unterwegs mit der ganzen Welt verdirbt? «Es kann so weit kommen, dass nur mehr wir übrig sind», sagte Bush zu seinen engsten Beratern (wie ein Regierungsmitglied weiß, das die Information an Bob Woodward weitergab). «Mich stört das nicht. Wir sind Amerika.»

In einer Rede vor dem Senat sagte der Demokrat Robert Byrd im Februar 2003:

> Viele der Behauptungen dieser Regierung sind einfach verabscheuungswürdig. Es gibt kein anderes Wort dafür. Und doch bewahrt diese Kammer eine gespenstische Ruhe. Es ist dies möglicherweise der Vorabend eines Krieges, in dem wir Tod und Zerstörung über das Volk des Irak verhängen – eine Bevölkerung, von der, wie ich hinzufügen möchte, die Hälfte noch keine fünfzehn Jahre alt ist –, und diese Kammer schweigt. Es vergehen vielleicht nur noch wenige Tage, bis wir Tausende von unseren eigenen Bürgern in die unvorstellbaren Schrecken eines chemischen und biologischen Krieges führen – und diese Kammer schweigt. Es ist der Vorabend eines möglicherweise grausamen Terrorangriffs als

Vergeltung für unseren Angriff auf den Irak, und im Senat der Vereinigten Staaten gilt business as usual.

Wir gehen wahrhaftig wie «Schlafwandler durch die Geschichte». In meinem Herzen bete ich, dass dieser großen Nation mitsamt ihren guten und vertrauensvollen Bürgern nicht das schlimmste Erwachen bevorsteht.

(...) Ich muss wirklich an der Urteilskraft eines Präsidenten zweifeln, der meint, ein geballter, nicht provozierter Angriff auf eine Nation mit mehr als fünfzig Prozent Kindern stehe im Einklang mit «der höchsten moralischen Tradition unseres Landes». Dieser Krieg muss im gegenwärtigen Augenblick nicht sein. Der Druck, der auf den Irak ausgeübt wird, scheint Ergebnisse zu zeitigen. (...) Jetzt käme es darauf an, sich auf halbwegs elegante Weise aus einer Situation zu befreien, in die wir uns selber hineinmanövriert haben. Wenn wir uns mehr Zeit nehmen, gibt es vielleicht doch noch einen Ausweg.

Wäre ich George W. Bushs Karma-Anwalt, würde ich ihm sagen, dass er einer Verurteilung als Händler einer verlogenen Moral am ehesten dadurch entgeht, dass er um eine uneinige Jury im Jenseits betet.

Diejenigen von uns, die wir uns nicht auf die Macht des Gebets verlassen können, sollten sich am besten ein Bollwerk suchen, das wir während der kommenden grässlichen Jahre verteidigen können. Demokratie, ich möchte das wiederholen, ist die edelste Regierungsform, die wir bisher entwickelt haben. Langsam können wir uns überlegen, ob wir bereit sind, für sie zu leiden, sogar für sie zugrunde zu gehen. Oder sollen wir uns darauf einstellen, in der niedrigen Existenzform einer riesigen Bananenrepublik zu leben? Mit einer Regierung, die nichts lieber tut, als Megakonzernen dabei zu helfen, unsere vereitelten Träume ihren elefantösen Trugbildern anzupassen?

Drei

Anmerkungen zu einem großen Unbehagen

An dieser Stelle eine Bemerkung über das Interview, das am 2. Dezember 2002 in *The American Conservative* erschienen ist. Das Magazin wird von Pat Buchanan und Taki Theodoracopulos herausgegeben; Chefredakteur ist Scott McConnell. Das Stück trug den – von der Redaktion formulierten – Titel: «Warum ich ein linker Konservativer bin». Manches von dem, was ich dort gesagt habe, ist in das vorherige Kapitel eingeflossen.

Doch es gibt noch weitere Aspekte, die in jenem Magazinbeitrag und dem Interview mit Dotson Rader zur Sprache gekommen sind. Da ich glaube, dass sie den Zweck dieses Buches unterstützen können, stelle ich sie im Folgenden zur Diskussion.

FAHNENKONSERVATIVE

Als die Sowjetunion unterging, dachten die Fahnenkonservativen, jetzt sei die Gelegenheit gekommen, die Welt zu übernehmen. Sie hielten sich für die Einzigen, die die Welt regieren könnten. Sie brannten geradezu darauf. Daher rasten sie vor Wut, als ihnen

Clinton dazwischenkam. Das war einer der Gründe, warum er so verhasst war. Clinton brachte sie um die Weltherrschaft. 1992 erschien sie ihnen so zum Greifen nahe, so leicht möglich. Wie das zu ihrem Hass auf Clinton beitrug! Ich glaube, diese Haltung festigte sich immer mehr und schwelte während der ganzen acht Jahre von Clintons Amtszeit. Zudem verabscheuten die Fahnenkonservativen die wachsende sexuelle Freizügigkeit. Die heute treibenden Kräfte im Weißen Haus reden darüber vielleicht nicht miteinander, aber ich vermute, sie bauen darauf, dass sich, wenn Amerika erst ein Imperium ist, notwendigerweise alles, was der *Säuberung* bedarf, zum Positiven wenden wird. In ihren Augen jedenfalls! Wenn Amerika sich zu einer modernen Entsprechung des Römischen Imperiums entwickelt, wird man ganze Generationen aufziehen müssen, die das Militär in allen Teilen der Welt einsetzen kann. Das wiederum wird der Ausbildung neues Gewicht verleihen. Die Amerikaner, die dafür berühmt sind, dass sie keine Fremdsprachen beherrschen, werden plötzlich ermutigt, ja gedrängt werden, Sprachen zu erlernen, damit sie im fernen Ausland Aufgaben des Imperiums übernehmen können. Entschlossenheit und Zielstrebigkeit würden wieder zu Ehren kommen in Amerika. – Das sind, fürchte ich, die Argumente der Fahnenkonservativen.

Dabei übersehen sie, wie außerordentlich verquer sich zwischenmenschliche Verhältnisse entwickeln können. Tatsächlich könnte ihr ganzer schöner Plan fehl-

schlagen. Er stinkt nach Arroganz und Selbstüber-
schätzung.

FURCHT

Sollte sich dieser Krieg im kommenden Jahrzehnt ausweiten, könnte er sich in einer Hinsicht als schlimmer
erweisen als jeder Konflikt, den wir bislang erlebt haben. Wir werden nämlich gar nicht wissen, wofür wir
überhaupt kämpfen. Es reicht nicht, zu sagen, dass wir
gegen den Terrorismus sind. Natürlich sind wir das.
Wer in Amerika wäre das nicht? Aber der Terrorismus
hat im Vergleich zu konventionellen Formen des
Kriegs keine Gestalt, und es ist schwer, sich im Recht
zu fühlen, wenn man gegen einen unsichtbaren Gegner kämpft. Die eigenen Taten haben dann den Beigeschmack von Wut und relativer Schwäche, eine
schreckliche Kombination, die Krieger und Bürger
gleichermaßen jeden Gefühls von Tugendhaftigkeit
beraubt. Es lässt sich nicht anders sagen: Ohne nationale Tugend kann man nicht in den Krieg ziehen.
Bei allem, was wir tun, verletzen wir den Geist des
Christentums. Und ebenso verletzen die Muslime den
Islam. Wir sprechen hier also von einem Krieg zwischen zwei Religionen, die aus dem Gleichgewicht geraten sind, ihr Fundament verloren haben. Dieser
Krieg könnte ungeheure Ausmaße annehmen. In seinem Zentrum steht der heftige Konflikt zwischen

zwei Mächten. Ihre jeweiligen Motive halten keiner genauen Untersuchung stand. Möglicherweise erwartet uns ein so namenloses Unheil, dass wir uns fragen können, ob unsere Zivilisation dieses Jahrhundert überdauern wird. Alles, was uns vertraut ist, könnte auseinander brechen, Stück für Stück, Katastrophe für Katastrophe – *lange* vor einem endgültigen Weltenbrand.

AMERICAN CONSERVATIVE: Verglichen damit schien die Auseinandersetzung zwischen Kommunismus und Kapitalismus viel vernünftiger und beherrschbarer zu sein.

NORMAN MAILER: In der Rückschau war sie in gewisser Weise folgerichtig. Kapitalismus und Kommunismus hatten klare, einander entgegengesetzte Ziele, aber keiner von beiden legte es darauf an, die Welt zu zerstören. Gegen Ende des Konflikts wurde es immer unwahrscheinlicher, dass es zum großen Knall kommen würde.

AMERICAN CONSERVATIVE: Sie haben den Kampf als den zwischen Allah und dem Mammon charakterisiert, der Islam gegen das Geld. Wenn wir tatsächlich in einer nachchristlichen Welt leben, in der der Materialismus als das höchste Gut gilt und man einen Glauben braucht, um einen Glauben zu bekämpfen, sind die anderen dann nicht im Kampf gegen uns im Vorteil?

NORMAN MAILER: Sind sie im Vorteil? Nein, ich glaube nicht. Genau genommen scheint es mir, als könnten wir einen solchen Krieg noch um fünfzig Jahre hinausschieben, wenn wir unsererseits keinen Angriff unternehmen. Das nächste Argument wäre dann: «Können wir uns eine solche Verzögerung überhaupt leisten? Wir können jetzt gewinnen; in fünfzig Jahren verlieren wir vielleicht.» Aber ich habe den Eindruck, dass dieser Krieg in vielerlei Hinsicht so unausgewogen ist – es gibt so viel Macht auf der einen Seite, so viel ehrlichen Hass auf der anderen, so viel technisches Know-how bei uns, ein solches Terrorpotenzial bei den anderen –, dass die möglichen Folgeschäden gar nicht abzuschätzen sind. Es ist nicht gut, in einen Krieg zu ziehen, dessen Ergebnis unabsehbar ist. Der Terrorismus kann sich ausweiten. Schließlich ist es nicht allzu schwer, ein effektiver Terrorist zu sein. Nimm das Telefon ab, wähl die richtige Nummer und halte einen halben Tag lang den Verkehr auf. Entscheidend ist, wie weit der Terrorismus sich verbreiten kann, und nicht, ob er sich ganz auslöschen lässt. Es wird immer jemand übrig bleiben, der den Terroristen spielen will. Und wenn wir versuchen, ein Imperium zu werden, wird die eigentliche Frage bald lauten, ob wir in der Lage sind, mit einem Maß an Terror zu leben, wie ihn die Israeli beispielsweise jetzt schon haben.

EINE BEMERKUNG ÜBER PRÄSIDENTEN

Präsidentschaftswahlkämpfe sind hart. Deshalb sind die meisten, die erfolgreich daraus hervorgehen, am Ende auf ein Mittelmaß zurechtgestutzt. Als Menschen sind sie ganz und gar nicht mehr beeindruckend. Da lohnt es sich, schnell einen Blick auf ihre Schwächen und die Männer zu werfen, die hinter ihnen stehen. Zwanghafte Bewunderung für unsere Führer ist schließlich das reinste Gift.

Einmal saß ich bei einem Essen für acht Personen zur Linken von Ronald Reagan. Das war beim Nominierungsparteitag 1972, als Nixon zum zweiten Mal aufgestellt wurde. Während des ganzen Essens versuchte ich, mir eine harte Frage für ihn auszudenken. Ich habe die Erfahrung gemacht, dass einem oft eine gute Frage einfällt, sobald man jemandem in die Augen sieht. Aber Reagan saß zwei Stunden lang freundlich und gelassen am Kopfende des Tisches, scherzte und redete in einem fort. Es war eine oberflächliche Unterhaltung. Von seiner physischen Präsenz her schien er über ungefähr ebenso viel spezifisches Gewicht als Mensch zu verfügen wie, sagen wir, ein Verkaufsleiter bei einer mittelgroßen Firma im Mittleren Westen – er legte dieselbe freundlich-bescheidene, handfeste Behäbigkeit an den Tag.

Im Laufe dieser zwei Stunden redete er mit allen sechs *Time*-Reportern am Tisch, aber mich sah er kein einziges Mal direkt an, und deshalb wollte mir jene harte Frage einfach nicht einfallen. Das Ganze geriet zu einer reinen Höflichkeitsveranstaltung. Die Stimmung war insgesamt unverbindlich. Es kam mir in den Sinn, dass er wahrscheinlich sein ganzes politisches Leben hindurch keine einzige Minute freiwillig mit jemandem geredet hatte, der ihm nicht nützlich sein konnte. Sagen wir es offen: Er war ein natürlicher Aufsteiger, der sehr geschickt die Sprossen des Erfolgs hochkletterte. Darin lag sein Talent. Und schon bald war er von lauter Leuten mit starken (wenn auch eigennützigen) Ideen umgeben, die ihm das Nötige einflüstern und ihn entsprechend steuern konnten. Dann spielte er seine Begabungen aus. Er hatte damals enormen Einfluss auf die Konservativen alter Schule; sie hielten ihn für einen der ihren. Vermutlich hatte er mit ihnen so viel gemein wie ein Filmstar mit einem Landarbeiter.

Ich nehme an, George W. Bush kann unterscheiden, ob einer seiner Experten weiß, wovon er spricht, oder ob er nur so tut. Also schätze ich, dass er seine Entscheidungen genau umgekehrt wie sein Vorgänger trifft. Bill Clinton legte Wert darauf, sich mit Leuten zu umgeben, die vielleicht neunzig Prozent seiner Intelligenz besaßen, aber nie ganz an ihn heranreichten, niemals intelligenter waren als er. Deshalb war Clinton stets der Schlaueste in seiner Runde.

Bush seinerseits ist immerhin so klug, zu merken, dass er das nicht so halten kann, sonst würde das Land von lauter Vollidioten regiert. Er hat im Gegenteil darauf geachtet, schlaue Köpfe um sich zu scharen: Rumsfeld, Cheney, Rice, Powell. Und wenn die nun diskutieren, hört Bush genau heraus, wer wann am treffendsten argumentiert. Ihm entgeht auch nicht der Hauch eines Zweifels in der Stimme selbst des abgebrühtesten Experten. Ich spreche als Schriftsteller. Bush hat einen «Bullshit-Detektor»: Er merkt, wenn jemand Unsinn redet. Da die verschiedenen Berater unweigerlich an manchen Tagen besser in Form sind als an anderen, beschließt Bush eben an einem bestimmten Vormittag, dass die Stimme von Berater A heute am besten klingt. Drei Tage später kommt Berater D besser an. Das führt dazu, dass er seine Politik immer ein wenig neu justiert. Mag das die eine intellektuelle Stärke sein, die er besitzt – vom Wesen her bleibt er der Vorsitzende einer Studentenverbindung, der in seinem Schülerjargon eine Floskel nach der anderen produziert, sich über die eigenen Behauptungen freut und sich keineswegs daran stört, dass sie der Wahrheit nicht entsprechen und nicht zum Thema passen. Mottos und Plattitüden sind sein Schönstes. Bush weiß genau, was er tut. Und zwar so sehr, dass er die gute Hälfte der Amerikaner, nämlich die religiösen Menschen, die nicht besonders politisch sind, auf seiner Seite weiß. Gib uns mehr von deinen Mottos und Plattitüden, sagen sie. Und, bitte, würze sie ein

bisschen mit einer Prise deiner unvergleichlich hei-
ligen Verlogenheit.

ZUWANDERUNG

AMERICAN CONSERVATIVE: Unser Lager hat bei der
Einwanderungsdebatte im Allgemeinen das Gefühl,
dass Amerika sich von dem Land, an das wir gewöhnt sind und das wir verstehen, fortentwickelt.
Es scheint ein fremdes Land zu sein. Wir führen
dieses Argument nur selten an, doch es ist von ent-
scheidender Bedeutung. Haben Sie viel über ein
multikulturelles Amerika nachgedacht? Worin be-
stehen seine Möglichkeiten? Was sind seine Grenzen?

NORMAN MAILER: Ich weiß nicht, ob die Frage nach
Rasse oder Kultur in unserer technologisierten
Welt so wichtig ist. Auf lange Sicht steuert die Welt
auf einen Zustand zu, in dem es gar keine Rassen
mehr geben wird. Die Technologie ist zur beherr-
schenden Kultur geworden und wird vielleicht bald
die einzige überhaupt sein. Inzwischen sind die
Gemeinsamkeiten zwischen Computerbenutzern
überall auf der Welt wahrscheinlich größer als ihre
ethnischen Unterschiede.

AMERICAN CONSERVATIVE: Bleiben wir beim Thema
«Reinheit der Rassen». Ich weiß, dieser Gedanke
ist politisch nicht korrekt, aber er muss gar nicht

87

verbissen vorgetragen werden. Vielleicht ist er sogar ganz interessant.

NORMAN MAILER: Lassen Sie es mich so ausdrücken: Das einzige Problem, das ich bei der Einwanderung entdecken kann, sind die Weißen, die bei diesem Thema so zornig werden, dass sie an nichts wirklich Wichtiges mehr denken können. Sie haben das Gefühl, Amerika gehe vor die Hunde. Zugegeben, Amerika geht vor die Hunde, aber aus Gründen, die nichts mit Rassen und zu hohen Einwanderungszahlen zu tun haben. Das Fernsehen etwa, nur als ein Beispiel, macht Amerika kaputt.

Die Werbung nämlich stellt Verlogenheit und Manipulation auf eine Stufe mit inneren Werten; die Werbeunterbrechung wird als notwendiger Bestandteil des Marketingkonzepts betrachtet. Früher einmal konnten Sieben- oder Achtjährige eine oder zwei Stunden am Stück lesen. Heute tun sie das nur noch selten. Es gibt diese Gewohnheit nicht mehr. Beim Fernsehen wird die Aufmerksamkeit eines Kindes alle sieben bis zehn Minuten durch Werbung unterbrochen. Kinder erwarten geradezu, dass sie aus etwas, das sie interessiert, herausgerissen werden, und daher können sie auch nicht mehr so gut lernen. Ihre Konzentrationsfähigkeit ist durch systematische Unterbrechungen gemindert.

Dann schauen Sie sich an, wie heute die Klassenräume aussehen. Sagt eigentlich irgendjemand mal, dass die Neonlampen, die mittlerweile in fast allen

Schulen hängen, mit schuld sind an unserer Bildungskatastrophe? Und warum hängen sie da? Weil man Geld sparen will. Ich möchte behaupten, dass sie am Ende mehr kosten, weil die Kinder weniger produktiv sind. Neonröhren spenden ein kränkliches Licht. Die Haut wirkt verwaschen und ein wenig fahl. Wenn jeder hässlicher aussieht als üblich, wird natürlich auch jeder ein bisschen deprimiert. Dann fragen sie sich irgendwann: Was mache ich hier unter all diesen blassen Leuten? Bin ich denn nicht mehr wert?

Diese scheinbare Kleinigkeit trägt dazu bei, dass die Konzentrationsfähigkeit nachlässt. Schlechte Architektur, zudringliche Werbung, das allgegenwärtige Plastik – solche schädlichen Einflüsse beschäftigen mich weit mehr als die Zuwanderung. Darüber könnte ich mich stundenlang auslassen. Unser größtes Problem ist nicht die Zuwanderung, sondern das Amerika der Großkonzerne. Das ist die Macht, die es geschafft hat, uns Amerika wegzunehmen.

IMPERIALES PLASTIK

Wenn man lange in einer technologischen Umgebung lebt, fühlt man sich, als werde die Seele brüchig. Seit einigen Jahren ist ein merkwürdiger Vorgang in Amerika zu beobachten. Man könnte ihn die Verdummung der Amerikaner nennen. Es ist, als wären wir als Reaktion auf die Schwierigkeiten, die wir haben, mit der Technologie zurechtzukommen, immer ungehobelter geworden. Im Grunde verabscheut nämlich die Technik jenen Teil unseres Selbst, den wir am meisten lieben – das Wesen in uns, welches das Leben fühlt und auch genießen kann. Sobald wir das bemerken, sind wir aufgefordert, Freude durch Macht zu ersetzen.

Die Technik hat eine Botschaft: «Junge, will das nicht in deinen Schädel? Du wirst von jetzt an ein bisschen weniger Spaß haben, aber dafür viel mehr Macht.» Das ist das Credo der Technologie. Damit verführt sie viele, der Neigung zu Narzissmus und Machtgier nachzugeben (und innerlich eiskalt zu werden). Was fühlt man, wenn man in einer technologischen Welt arbeitet? Plastik. Wir wissen alle, dass sich Plastik nicht so schön wie Holz oder Haut anfasst. Selbst Metall bietet dem Tastsinn einen größeren Reiz. Gleichwohl geht es der technologischen Gesellschaft letztlich darum, alles in Plastik zu verwandeln – Holz, Metall, Blumen, womöglich sogar das Essen, und bei der Astronautennahrung ist ihr das praktisch schon gelungen.

Nehmen wir zum Beispiel die Flugzeuge. Es ist jedes Mal ein schreckliches Erlebnis, wenn man in eines davon steigen muss. Nicht weil man abstürzen könnte, sondern weil man in eine Welt aus Plastik tritt, hermetisch abgeschlossen wird und auf engstem Raum

von der Hordenatmosphäre und den psychischen Aus-
dünstungen von sechzig oder achtzig Fremden umgeben ist. Sogar die Luft ist künstlich. Eine unangeneh-
mere Erfahrung ist kaum denkbar. In den letzten
fünfzig Jahren haben die Fluggesellschaften dann und
wann versucht, diese Erfahrung weniger misslich werden zu lassen. Die verbleibende Zeit überlegen sie,
wie sie noch mehr Komfort einsparen und noch mehr
Geld herauspressen könnten. Ah, wie da dem Kapitalismus das Gewissen, für und wider, schlägt!

ISRAEL

Die folgenden Bemerkungen über Israel sind vorläu-
fig. Das ist auch gar nicht anders möglich. Jude zu sein
ist so schmerzhaft, weil man sich für das verantwort-
lich fühlt, was alle anderen Juden tun. Jude sein heißt,
mit der Erinnerung an zweitausend Jahre Entfrem-
dung zu leben. Die Kritik an meinem Volk fällt mir
ebenso schwer wie seine Verteidigung. Wenn ich über
Israel oder über Juden rede, fühle ich mich nicht wohl
in meiner Haut. Dennoch lohnt es sich vielleicht, einige Punkte anzusprechen. Mir ist nicht bekannt, dass
diese Gedanken weit verbreitet wären.

NORMAN MAILER: Die arabischen Länder haben ein
    Interesse daran, Israel als einen großen Schurken
    präsentieren zu können. Obwohl ich mit jeder

Faser meines Herzens Jude bin, bin ich doch kein patriotischer Jude, für den Israel – gleich ob im Recht oder nicht –, sein Israel ist. Solche Gefühle sind mir fremd. Allerdings bin ich der Meinung, dass wir nach dem Holocaust ein vortreffliches Beispiel dafür präsentiert bekamen, wie unmenschlich die Scheichs und Staatschefs vieler arabischer Länder damals waren. Sie hätten sagen können: «Die Juden sollen dieses Land ruhig haben. Das tut uns nicht weh. Vielleicht können wir einander sogar nützlich sein.» Das haben sie nicht getan. Sie zogen es vor, in jenen Überlebenden des Holocaust den Feind zu sehen. Sie haben Israel benutzt, um den Hass, der ihren eigenen Regimen hätte entgegenschlagen können, umzulenken.

Ich vermute, dass die hohen saudischen Würdenträger nicht unglücklich darüber sind, dass die Israeli heute ein ungeheures Problem mit Palästina haben. Hätten sie es nicht, wäre es womöglich das Problem der Saudis. Ihrer Geschichte wegen dürften sich die Palästinenser nämlich nicht so leicht den Vorschriften des islamischen Extremismus fügen wie andere arabische Völker in den verschiedenen muslimischen Gesellschaften. Es sind nicht einmal alle Palästinenser islamisch. Für Länder wie Saudi-Arabien könnte sich das als eine gefährliche Mischung erweisen. Die Saudis haben es schlau eingefädelt: Sie benutzen die Palästinenser als Rechtfertigung für ihren Hass auf Israel, in

Wirklichkeit jedoch betrachten sie Israel als einen
Schutzwall gegen die Palästinenser.

American Conservative: Können wir das Thema Israel vertiefen und näher auf das unvermeidliche
existenzielle Dilemma des Landes, nämlich die Palästinenser, eingehen?

Norman Mailer: Ich möchte mit ein paar grundsätzlichen, ganz schlichten Bemerkungen über Israel
beginnen. Anfangs war es ein so kleines Land.
Wenn die arabischen Anführer auch nur ein bisschen Menschenfreundlichkeit besessen hätten,
dann hätten sie gesagt: «Diese Menschen sind
durch die Hölle gegangen. Wir wollen sie mit islamischer Höflichkeit behandeln, so wie wir alle
Fremden behandeln sollen.» Stattdessen erklärten
sie die Juden zum Feind. Den Israeli blieb gar
nichts anderes übrig, als stark zu werden und sich
mit uns zu verbünden. Und während sie sich an ihre
neue Rolle gewöhnten, wurden einige der besten
Wesenszüge der jüdischen Kultur – Ironie, Witz,
Wahrheitsliebe, die Verehrung für Gelehrsamkeit
und Gerechtigkeit – völlig an den Rand gedrängt.
Man erwartete von den Israeli, dass sie gute Bauern,
gute Techniker und gute Soldaten wurden. Geistige Subtilität war nicht mehr gefragt. Ganz zu
schweigen vom Gefühl. «Mach mit, du wirst gebraucht» – das wurde der alles beherrschende Leitspruch.

Da sich nun einmal alles darum drehte, das Land zu

bewahren, veränderte sich alles. Dass *Quantität in Qualität umschlägt* – das sind wahrscheinlich die besten vier Wörter, die Friedrich Engels je geschrieben hat. Während die Israeli immer stärker und härter wurden, büßten sie ihre mühsam gewonnene, überlegene Objektivität und ihre hochgesinnte, interesselose Suche nach sozialen Werten ein. Die Losung lautete «Israel, mein Israel». Das war unvermeidlich. Ich finde es gleichzeitig tragisch. Israel ist inzwischen eines von vielen Kraftzentren in der Welt. Aber die Israeli haben etwas Einzigartiges verloren. Heute behandeln sie die Palästinenser, als wären sie, die Israeli, die Kosaken und die Palästinenser die Ghetto-Juden. Je älter man wird, desto mehr wird man abhängig von Ironie als dem letzten menschlichen Element, auf das man sich verlassen kann. Alles Bestehende wird sich irgendwann umkehren, was innen ist, wird sich nach außen wenden.

AMERICAN CONSERVATIVE: Halten Sie es für möglich, dass die Israeli je aus dem Dilemma mit den Palästinensern herausfinden?

NORMAN MAILER: Ich wüsste nicht, wie. Jedenfalls momentan nicht. Vielleicht glauben sie, dass sie jetzt pokern müssen, damit sie später nicht vernichtet werden. Wenn der Krieg mit dem Irak damit endet, dass die Amerikaner dort dauerhaft präsent sind, wird sich Israel für die nächsten Jahrzehnte sicherer fühlen. Doch könnte sich diese Art der

Unterstützung als gefährlich erweisen. Für manche mächtigen Amerikaner wird sich die Frage nach dem Imperium so stellen: Bringt uns die Unterstützung Israels mehr Vor- oder mehr Nachteile? Schon heute betrachten die Realpolitiker im amerikanischen Establishment Israel zwangsläufig mit gemischten Gefühlen. Und die Neokonservativen glauben, das sei jetzt ihre letzte Chance, sie müssten alles riskieren, sonst sei es vielleicht in zehn, zwanzig, dreißig Jahren mit Israel vorbei.

Andererseits: So hoch pokert man einfach nicht. Ich war schon immer dagegen, dass man seine letzten tausend Dollar aufs Spiel setzt. Vor allem, wenn man eine Familie hat. Das ist einer der Gründe, warum ich linkskonservativ bin. Das ist mein konservativer Anteil.

AMERICAN CONSERVATIVE: Was halten Sie von Ariel Sharon?

NORMAN MAILER: Er ist, wie er ist. Ein Scheusal. Ein vor Energie platzender General. Ich vermute, er würde sich mit dem Satz verteidigen: «Ich bin, was das Schicksal aus mir gemacht hat.» Im Ghetto wäre er einer von den Stärkeren gewesen und vielleicht nicht besonders beliebt. Jetzt aber ist er ein Israeli. Und das offensichtlichste, das hervorstechendste Merkmal der meisten Israeli ist ihr Patriotismus. Und wie patriotisch sie sind! Wie sollte das nach Hitler auch anders sein? Deshalb bin ich mir sicher, dass Sharon glaubt, es bleibe ihm keine andere Wahl und er tue das einzig Richtige. Die Christen leben mit der großen, niemals ausgesprochenen Schuld, kein Mitleid, sondern nur Habsucht zu kennen. In Israel herrscht, glaube ich, eine ähnliche innere Krise. Ich vermute, die Israeli würden zugeben: «Wir sind nicht mehr menschenfreundlich, wir sind nicht mehr, was wir einmal sein wollten. Aber wir müssen unser Land schützen. Wir fürchten uns vor dem Unbekannten. Was ist, wenn Saddam zurückschlägt? Wenn große Teile Israels in einen solchen Krieg hineingezogen werden? Manchmal muss man sich eben lebensrettenden Operationen unterziehen.» Männer wie Sharon sind dazu bereit. Aber wer hätte je von einem Neokonservativen gehört, der für Israel den Kopf hingehalten und sein eigenes Leben geopfert hätte.

SCHLUSSBEMERKUNG

Der Titel dieses Buches («Why Are We at War?») wurde festgelegt, ehe wir wussten, ob sich die USA zum Zeitpunkt des Erscheinens im Krieg befinden würden oder ob der Krieg womöglich schon wieder vorbei wäre.

Allerdings zögerte ich bei der Entscheidung für den Titel und wenig später für den der vorliegenden deutschen Ausgabe keinen Augenblick. Krieg ist auch ein Geisteszustand; er besteht nicht nur aus einer Reihe von Militäraktionen. In diesem Sinn befinden wir uns bereits seit mehreren Monaten im Krieg und werden uns vermutlich auch dann noch im Krieg befinden, wenn die Kampfhandlungen im Irak längst vorüber sind.

Die Sache, um die es mir geht, ist im jeweiligen Titel formuliert. Warum? Warum sind *wir* im Krieg? Welche Ziele sind uns so heilig, dass wir dafür auf einen Kreuzzug gehen? Spüren wir nicht, dass wir an einem Scheideweg stehen?

Genug. Da alles mit dem 11. September begonnen hat, möchte ich mit der einen oder anderen Überlegung dazu schließen.

Bei den demokratischen Vorwahlen von 1969 bewarb ich mich um das Amt des Bürgermeisters von New York. Ich hatte die Hoffnung, dass sich eine Links-Rechts-Koalition bilden ließe, die mit einer Zangenbewegung die etablierte Macht in der Mitte aufbrechen könnte. Zugunsten unseres Wahlkampfs lässt sich allenfalls anführen, dass er ungewöhnlich war. Ich bin mir allerdings nicht sicher, ob die zugrunde liegende Idee sich nie als tragfähig erweisen wird. Es bedarf vielleicht wirklich einer Koalition von Links und Rechts, um die organisierte Mitte zu verwirren. Unsere Prämisse war, dass wir die Elemente einer guten, entwicklungsfähigen Gesellschaft noch gar nicht kennen. Wir alle hatten unterschiedliche Ideale, Moralvorstellungen und politische Leidenschaften, fanden aber nur selten Gelegenheit, unsere Pläne in die Praxis umzusetzen. Deshalb forderten wir Macht für die Viertel. New York City sollte unabhängig werden, der 51. Staat der USA. Die Bürger hätten dann die Möglichkeit gehabt, neue Bezirke einzurichten, neue Dörfer, Städte, alle von den unterschiedlichsten Ideen getragen, wichtige Viertel organisiert nach diesem oder jenem Lieblingsthema der Linken oder Rechten. Egalitäre Städte waren vorgesehen und privilegierte Siedlungen, und für die, die nicht in einer so kleinteiligen, aufreibenden Gesellschaft leben wollten, die vertraute Variante, die von früher: die Verwaltung der Stadt New York, eine Regierungsform für alle, die an derlei Experimenten kein Interesse hatten.

Es war gewissermaßen eine Speisekarte für gesellschaftliche Forschungen und Abenteuer. Wenn wir gewählt worden wären, hätte natürlich alles in einem schauderhaften Durcheinander enden können. Es war ein verwegener Plan, zumal wir – ähnlich wie bei der Forderung unseres Landes, in den Krieg mit dem Irak zu ziehen – keine rechte Vorstellung davon hatten, was bei alldem herauskommen würde. Aber genau das ist Verwegenheit: den Einsatz erhöhen, die Augen zu und abwarten, was die Karten bringen.

Dennoch, die Idee einer Gesellschaft, die so offen ist, dass jeder Einzelne ein intensives Leben in ihr führen kann, gefällt mir nach wie vor. Wir wissen nicht, welches Modell in einer modernen Gesellschaft funktioniert, doch von einer Gesellschaft der Mitte (mit ihrer

Neigung, die Ausgänge dichtzumachen und nur eine sichere, zentrale Perspektive durchzusetzen) ist vielleicht am allerwenigsten eine plausible Antwort zu erwarten. Bis die Linke und jener Teil der Rechten, der noch an seinen alten Werten festhält, merken, dass sie ungeachtet ihrer wesentlichen Unterschiede einen hohen Wert gemeinsam haben, den sie genauso gut gemeinsam schützen könnten – die leicht verletzbare Würde der menschlichen Schöpfung. Im Augenblick jedoch sind wir der Hegemonie der Großkonzerne ausgeliefert, für die Demokratie eine Nährlösung ist, die jedem Land der Welt verabreicht werden kann – welch armseliges Verständnis der heiklen Versprechungen, die die Demokratie zu bieten hat. Sie beruht auf dem menschlichen Bedürfnis, sich weiterzuentwickeln und aus den eigenen Fehlern zu lernen.

Unsere Nation ist mittlerweile eine Demokratie, der man einige ihrer wesentlichsten Elemente geraubt hat. Meines Wissens hat nie jemand gesagt, dass in einer Demokratie die Reichsten tausendmal mehr verdienen sollen als die Armen. Wenn der reichste Mann in einer Stadt zehnmal, vielleicht sogar fünfzigmal mehr anhäuft, dann kann man noch von einer anständigen Gesellschaft sprechen. Ist es aber einmal so weit, dass wir bei einem Verhältnis von mehreren tausend zu eins angekommen sind, dann ist etwas Obszönes passiert. Ich schätze, dass zwei Dritteln unserer Bevölkerung dieses Missverhältnis bewusst ist, aber sie wollen sich darüber keine Gedanken machen. Schließlich können sie verdammt nochmal nichts dagegen tun. Unser Land gehört uns nicht mehr.

Dieses Land wird längst von den Großkonzernen beherrscht. Die Vorstellung, dass wir über eine aktive Demokratie verfügen, die sich um unser Wohl und Wehe kümmert, ist falsch. Hatte ich je die Möglichkeit, darüber abzustimmen, wie hoch Gebäude sein dürfen oder sollten? Nein. Hat man mich je gefragt, ob mein Essen aus der Tiefkühltruhe kommen muss? Nein. Konnte ich je sagen, dass Wahlkämpfe aus Steuermitteln und nicht von Interessengruppen bezahlt werden sollen? Bei vielem, was in unserem täglichen Leben so wichtig ist, wurde uns jede Mitsprache verweigert. Außerdem müssen wir mit ansehen, wie der politische Prozess immer mehr vom Geld gesteuert wird. Amerika ist in einen Machtrausch geraten, bei dem nur ein kleiner Teil des Volkes dabei sein darf.

Beim Körper spricht man von einem präkanzerösen Zustand. Ich glaube, dass wir uns in den USA in einer prätotalitären Situation befinden. Meine Hoffnung ist, dass wir uns irgendwie hindurchlavieren können, vorausgesetzt, es ereignen sich nicht noch weitere große Katastrophen. Es gibt in Amerika demokratische Kräfte, die sich oft gerade dann behaupten, wenn man es ihnen gar nicht zutraut.

Doch die Lage ist ernst. Falls wir in eine Krise schlittern und die wirtschaftliche Lage sich weiter verschlimmert, weiß ich nicht, was das Land noch zusammenhalten kann. Schon jetzt gibt es zu viel Zorn, zu viel gekränkte Eitelkeit, zu viel Verängstigung, eine zu tief reichende Identitätskrise. Außerdem, und das ist das Schlimmste, zu viel Patriotismus. In einem Land, das versagt, hat der Patriotismus die Tendenz zum Faschismus (ähnlich wie zu viel Sentimentalität alles Mitleid entwerten kann). Der Faschismus in Amerika wird nicht mit einer Partei und auch nicht mit Schwarz- oder Braunhemden daherkommen. Aber die Freiheiten wird man einschränken. Das neue Ministerium für Heimatschutz hat die Maschinerie bereits in Gang gesetzt. Die Leute, die in diesem Land das Sagen haben, verfügen meiner Meinung nach nicht über den nötigen Charakter oder die Klugheit, um für die Idee der Freiheit zu kämpfen, wenn uns Gräuel widerfahren; nicht, wenn wir mit «schmutzigen» Bomben, Terrorangriffen in großem Stil und heimtückischen Krankheiten leben müssen. Die Vorstellung, dass Leute unsere Freiheit schützen sollen, die für Sicherheitsdienste arbeiten, kann man bestenfalls als merkwürdig bezeichnen. Die Mächtigen befinden sich in einer Einbahnstraße. Alle Schäden, die dem Lande drohen, wiegen für sie besonders schwer. Deshalb werden sie alles unternehmen, um die bürgerlichen Freiheiten in kritischen Situationen zu beschneiden. Demokratie und Sicherheit sind nämlich Feinde. Den Amerikanern wird nichts anderes übrig bleiben, als terroristische Anschläge hinzunehmen, ohne in Panik zu geraten. Freiheit muss ihnen wichtiger sein als Sicherheit.

Nehmen wir an, dass an einer Straßenecke in einer amerikanischen Stadt zehn Menschen durch einen Sprengsatz getötet werden. Als Erstes muss man sich darüber klar werden, dass es 285 Millionen Amerikaner gibt. Die Chancen stehen also 1 zu 28,5 Millionen, dass man eines der Opfer ist. Wenn man diese herzlose Rechnung aufmacht, kommt man bei den dreitausend Toten in den Twin Towers auf ein Verhältnis von eins zu neunzigtausend. Fährt man Auto, liegt das Risiko eines tödlichen Unfalls bei eins zu siebentausend. Die Statistik der Verkehrsunfälle scheint uns nicht weiter zu stören.

DOTSON RADER: Beunruhigend an dem, was Sie sagen, ist die Implikation, dass es ein erträgliches Maß von Terrorismus gibt und dass wir es hinnehmen müssen.

NORMAN MAILER: Ich fürchte, darauf läuft es hinaus. Es gibt ein erträgliches Maß von Terrorismus. Wir sollten uns von der Idee verabschieden, jede Form von Terror abwenden zu können. Wir sollten lieber lernen, mit der Angst zu leben.

Was mich viel mehr erschreckte, war das Ergebnis einer Umfrage, nach der die Hälfte der Amerikaner bereit ist, für mehr Sicherheit eine Einschränkung ihrer Freiheiten hinzunehmen. Wenn schon jetzt fünfzig Prozent der Menschen nichts dabei finden, einen Teil ihrer Freiheiten einer zweifelhaften Sicherheit zu opfern, was ist dann erst los, wenn etwas wirklich Schlimmes passiert? Unser Glaube, dass die Amerikaner freie Bürger sind, ist in den letzten zehn Jahren durch zu viel Börsenspekulation und die dadurch inspirierte Habgier ins Wanken geraten. Marx und Jesus Christus sind sich in einem entscheidenden Punkt einig, nämlich darin, dass Geld alle anderen Werte auslaugt. Diese zehn Jahre haben den Charakter des Landes schwer beschädigt. Amerika ist nicht mehr so schön wie früher.

Ich muss es noch einmal sagen: Wenn in einem Land die Werte verfallen, wird der Patriotismus zum Steigbügelhalter für den Totalitarismus. Das Land wird zur Religion. Wir werden aufgefordert, in einer ständigen religiösen Begeisterung zu leben: Liebt Amerika! Liebt es, denn Amerika ist ein Ersatz für die Religion geworden. Wenn man sein Land bedingungslos liebt, büßt man allmählich alle kritische Urteilsfähigkeit ein. Demokratie bedarf aber genau dieser Fähigkeit.

Ein guter Engländer hat eine gewisse Vorstellung von der Komplexität seines Landes, selbst dann, wenn er Anhänger der Fuchsjagd ist. Die Briten verfügen über eine Erinnerung, die uns fehlt. Das ist für mich der Punkt, der mir in der amerikanischen Demokratie am meisten Angst macht: Wir haben nicht so tiefe Wurzeln wie andere Länder. Im Vergleich mit ihnen haben wir keine starken Traditionen. Deshalb könnte der Übergang von der

Demokratie zum Totalitarismus bei uns so rasch vonstatten gehen. Es gibt hier weniger Hindernisse, weniger Schranken, auf die sich die wahren Konservativen verlassen. Doch ohne solche Sicherungsmechanismen kann eine Nation von einem Extrem ins andere fallen.

DOTSON RADER: Gibt es etwas in diesem Land, das Sie von Herzen lieben?

NORMAN MAILER: Freiheit. Die Freiheit, die ich mein Leben lang genossen habe. Wer hatte je meine Chancen, die außerordentliche Freiheit, zu denken, wie ich denke, egal, ob es gut war oder nicht? Nein, das Beste an Amerika ist seine Freiheit. Ich hatte großes Glück, wie es nur wenigen Leuten zuteil wird, nämlich dass ich als Schriftsteller bereits mit fünfundzwanzig Jahren finanziell einigermaßen unabhängig war. Es blieb dann nicht immer so einfach, aber im Großen und Ganzen hatte ich mehr Zeit zum Nachdenken als die meisten anderen Menschen. Dieses Privileg hatte ich, und ich weiß, dass das ein Luxus ist. Deshalb kann ich mein Land kaum hassen. Ich möchte jetzt nicht nostalgisch werden, aber ich bin sehr gut behandelt worden.

1959, als er noch Chef des FBI war, habe ich J. Edgar Hoover im Fernsehen angegriffen. Ich erklärte, dass er Amerika mehr Schaden zugefügt habe als Josef Stalin. Jahre später erhielt ich durch den *Freedom of Information Act* meine FBI-Akten ausgehändigt, insgesamt dreihundert Seiten. Davon galten allein achtzig Seiten meinen Bemerkungen in jener Sendung. Die meisten FBI-Kommentare hatten etwa den Tenor: Ach, dieser Mailer ist vielleicht ein arroganter Narr! Aber ganz gleich, wie wütend diese Leute auf mich waren, sie haben mich doch nicht abgeführt und in Ketten gelegt.

Ich habe hier in Amerika große Freiheiten genossen, und ich will nicht, dass sie denen, die nach mir kommen, vorenthalten werden. Ich wiederhole es: Freiheit ist ebenso empfindlich wie Demokratie. Sie muss jeden Tag aufs Neue am Leben erhalten werden. Ja, ich liebe dieses Land. Wenn unsere Demokratie das edelste Experiment in der Geschichte der Zivilisation ist, dann ist sie womöglich auch das allerverwundbarste.

Sie brauchen einen Amerikaner nur anzupiksen, und schon wird er sagen: «Wir sind das Land Gottes.» Ich würde sogar noch weiter gehen: Die Vereinigten Staaten sind Gottes gewagtestes Experiment, seine Herzensangelegenheit. Die beste Erklärung für den 11. September scheint mir daher zu sein, dass der Teufel an jenem Tag eine große Schlacht gewonnen hat. Ja – Satan war der Pilot, der die Flugzeuge in dieses gottlose Finale steuerte.

Dotson Rader: Das ist wie im Kino.

Norman Mailer: Allerdings. Als hätte der Teufel es mit raffiniertem ästhetischem Gespür genau so inszeniert, als sähen wir denselben Actionfilm, den wir uns schon seit Jahren immer wieder anschauen.

Das ist womöglich der eigentliche Grund, warum der 11. September eine so durchschlagende Wirkung auf Amerika entfaltete. Unsere Filme wurden real und jagten uns durch die Schluchten der Stadt. Für mich ist es nicht ohne Logik, dass es der Teufel war, der diesen Coup gelandet hat. Ich bin ein großer Anhänger von Ockhams Messer: Die einfachste Erklärung für eine Reihe von Tatsachen ist immer die einzig richtige. Wenn Sie mir sagen können, warum Gott die Anschläge vom 11. September wollte, gebe ich nach. Bis dahin bleibe ich dabei: Der Teufel hatte da seinen ganz großen Tag.

Nachwort

NORMAN MAILER:
EXISTENZIALIST, MÄRTYRER, REPORTER

Eine wahre, also wahrscheinlich erfundene Geschichte handelt von einem jungen Mann, der 1944 in den Krieg zieht, aber nicht um sein Vaterland zu verteidigen, sondern um Stoff für einen Roman zu sammeln. Er kämpft im Pazifik gegen die Japaner, nimmt an kleineren Scharmützeln teil, sieht, riecht, schmeckt, hört den Krieg und schreibt, wieder zu Hause, den Roman über diesen Krieg, den Krieg überhaupt, schreibt «Die Nackten und die Toten». Das Buch erscheint 1948, und der junge Mann, inzwischen verheiratet, schifft sich aus lauter Freude über das endlich vollendete Epos nach Europa ein. Als er bei American Express in Nizza Geld abholen will, erwartet ihn gleich ein ganzer Geldsack, dazu Nachrichten von seinem Verleger: Platz 1 der Bestsellerliste, begeisterte Kritiken, Lizenzen in vierzig Länder verkauft – und:

Du bist jetzt Schriftsteller. Du musst wieder zurück nach Hause.

Norman Mailer war nun Schriftsteller, eine öffentliche Person und hatte sein weiteres Leben auch in der Öffentlichkeit zuzubringen. Er musste sich an den Erfolg gewöhnen. «Aus bescheidenen Verhältnissen habe ich mich zur vollkommenen Katastrophe emporgearbeitet», lässt Saul Bellow eine seiner Figuren sagen. So leicht gibt sich Mailer aber nicht verloren. Er kam 1923 in New York zur Welt, wuchs im jüdisch geprägten Stadtteil Brooklyn auf und galt als Wunderkind. Früh begann er zu schreiben. Am College in Harvard studierte er Ingenieurswesen; bis heute ist sein Blick auf die Welt naturwissenschaftlich und deshalb nicht besonders sentimental.

Bei der Army erlebt er zum ersten Mal die Brutalität nicht so sehr des Krieges, sondern der Macht. Der Roman «Die Nackten und die Toten» schließt in der äußeren Struktur an Herman Melvilles Klassiker «Moby Dick» an. Eine aus sämtlichen Gesellschaftsschichten zusammengewürfelte Gruppe Männer versucht den Krieg zu überstehen, während sich für die Vorgesetzten die Gelegenheit ergibt, den autoritären Charakter in Reinkultur zu zelebrieren. Captain Ahab heißt hier Cummings, der über seine Männer herrscht, als wär's sein Staat. Mailers Lebensthema kündigt sich an, die Warnung vor dem Moloch Staat, vor einem spezifisch amerikanischen Totalitarismus, einem Amerika, das sich unter dem Deckmantel des Patriotismus freiwillig der Diktatur anonymer Mächte ausliefert. Bis zum heutigen Tag wird er nicht müde, die Macht anzuklagen und ihre Repräsentanten des Missbrauchs der Demokratie zu verdächtigen. Als Mailer in den achtziger Jahren Präsident des amerikanischen PEN-Clubs war, lud er zum Entsetzen seiner Kollegen den amerikanischen Außenminister George Shultz als Gastredner ein, auch das aber fügte sich in sein im Krieg geformtes Weltbild, dass der Staat und damit die Macht sich grundsätzlich verdächtig macht, zu kritisieren ist und sich zu rechtfertigen hat.

Während die meisten Schriftsteller in den USA auf größtmögliche Distanz zur Politik achten, verlangt Mailer von ihr Machtteilhabe und von den Politikern, dass sie Rechenschaft ablegen über ihr Tun. Wie Gore Vidal hat er zwar immer seinen Standpunkt als politischer Außenseiter betont, sich gelegentlich aber doch selber um politische Ämter bemüht. Als John F. Kennedy 1960 zum Präsidenten gewählt wurde und bei seiner Amtsführung auch nach intellektuellem Glanz strebte, ernannte sich Mailer zum Präsidentenberater und versorgte Kennedy mit Vorschlägen für gesellschaftliche Reformen. 1969 bewarb er sich um das Amt des Bürgermeisters von New York. Die libertären und kommunitaristischen Ideen, die er damals im Wahlkampf vortrug, waren ziemlich weltfremd und in einer so disparaten, finanziell ruinierten Großstadt wenig praktikabel, aber es gelang ihm zumindest, einer Minderheitenposition Gehör zu verschaffen.

Doch auch abgesehen von diesen kurzfristigen Aus-
flügen in die praktische Politik führte Mailer ein ent-
schieden politisches Leben. Der von Kennedy begon-
nene, von Lyndon B. Johnson ausgeweitete und von
Richard Nixon nur mühsam beendete Vietnamkrieg
bestätigte seinen Verdacht, dass selbst demokratisch
gewählte Präsidenten Spielfiguren des «militärisch-
industriellen Komplexes» waren. Ohne das Volk zu
befragen, drängten die Politiker das Land im Verlauf
der Sechziger immer tiefer in den Krieg. Der Verteidigungsminister Robert McNamara verkörperte wie
kein anderer die längst etablierte Herrschaft der Me-
chanisierung. McNamara hatte die Arbeitsabläufe bei
der Autofirma Ford beschleunigt und fand nichts dabei, die in der Industrie bewährten Erkenntnisse auf
die Kriegführung zu übertragen. «Was man zählen
kann, muss man zählen», lautete seine Erklärung. So
kam der «body count» in die Welt, die tägliche Statistik der Toten in Südostasien.

Hervorgehend aus der Bürgerrechtsbewegung, die
sich um die Rechte der Schwarzen bemüht hatte,
formierte sich Mitte der sechziger Jahre der immer
weiter wachsende Widerstand gegen den Krieg in
Vietnam. Norman Mailer wurde der Wortführer der
Demonstranten. Für einen kurzen Augenblick – und
niemand beschrieb ihn klarer als Mailer– war eine in-
tellektuell geprägte Gegenregierung vorstellbar.

Bei Mailer hatte sich das Engagement allerdings
schon zehn Jahre zuvor angekündigt. In Paris hatte er

nach dem Krieg die engagierten Schriftsteller um Sartre und Camus erlebt, ohne sich aber mit dem Sozialismus in welcher Spielart auch immer anfreunden zu können. Mailer fürchtete um die Freiheit des Einzelnen und wollte bei seiner Kritik an der Macht keinen Unterschied zwischen politischen und anderen Institutionen sehen. Der Krieg war für ihn längst nicht zu Ende, nur der Schauplatz hatte sich verlagert. «Mir blieb gar nichts anderes übrig, als mich in den Krieg der gewaltigen Gegenwart zu stürzen», wird er später sagen.

Die Gegenwart, das war die New Yorker Subkultur. Es war im längst vergangenen Nylon-Zeitalter, während der langen Präsidentschaft des eher schlicht gestrickten Generals Eisenhower, als sich in New York die Beat Generation zusammenfand und die Freiheit im Exzess suchte. Jack Kerouac, William Burroughs und Allen Ginsberg waren die amerikanischen Existenzialisten. Sie brauchten keinen Sartre und keinen Camus, sie hatten den allgemeinen Wohlstand, gegen den sie kämpfen konnten, und ihre Vorstellung von einer neuen Literatur. Ihre Helden sahen sie in den Schwarzen, den Junkies und den Kriminellen. Norman Mailer, Zaungast und doch sofort Propagandist der neuen Subkultur, schreibt ihr 1957 das Programm, erfindet den Hipster, den «weißen Neger», und fordert dazu auf, den «Psychopathen in sich zu ermutigen, einen Bereich der Erfahrung zu erkunden, in dem Sicherheit Langeweile bedeutet und damit Krankheit».

Das Land hatte den Krieg schnell verwunden, hielt sich in den Fünfzigern an das wachsende Konsumangebot und eine möglichst clearasilgereinigte Unterhaltung, aber Norman Mailer wollte nicht gesund sein, sondern leben wie die Außenseiter am Times Square. Als «Gefangen im Sexus» hat er sich später gern stilisiert, und in den neonbunten und doch so grauen Fünfzigern musste das als revolutionäre Tat gelten. Das offizielle Amerika sperrte damals Wilhelm Reich ein, während die Künstler und Schriftsteller, Saul Bellow und Mailer darunter, den Orgonakkumulator und die kreative Energie des Orgasmus entdeckten.

Mailers Energie schien tatsächlich unerschöpflich. Er schrieb Drehbücher und Romane («Am Rande der Barbarei», 1951, «Der Hirschpark», 1955), gründete mit anderen die alternative Zeitung *Village Voice* und begann einen rastlosen Kampf um öffentliche Aufmerksamkeit. Seine Kolumne, schrieb er dort, sei die «Erklärung meines Privatkriegs gegen den amerikanischen Journalismus, gegen die Massenmedien und den Totalitarismus der ganz und gar netten Persönlichkeit».

Für die intelligentere Avantgarde gab es eine grundstürzende Erfahrung nach dem Zweiten Weltkrieg: «Wahrscheinlich werden wir nie das psychische Unheil ermessen können, das Konzentrationslager und die Atombombe im Unbewussten beinah eines jeden Menschen angerichtet haben.» Die Angst vor der Langeweile und jene vor der Auslöschung finden bei

Mailer ohne weiteres zusammen, predigt er doch selbstbewusst, dass «unser kollektives Leben darin besteht, mit dem Gedanken an den sofortigen Tod durch einen Atomschlag zu leben, dem vergleichsweise raschen Tod durch den Staat als dem *univers concentrationnaire* oder dem langsamen Tod durch Konformität».

Die erste Kampagne gegen diesen schleichenden Tod war nicht ohne Hoffnung, Mailer sprach von dem Gefühl, dass eine «untergründige Revolution» bereits im Gange sei, und verwechselte, nicht weiter überraschend, Greenwich Village, den Jazz und die erste milde Drogenszene mit der großen weiten Welt des netten Amerika. Aber den Feind hatte er erkannt. Der Feind, das waren – gut existenzialistisch – die anderen, also die Netten, die bonbonfarbenen Konsumbürger, der übermächtige Staat, die Massenmedien und schließlich die kapitalistischen Konzerne.

Dabei war es Mailer herzlich egal, ob er allein kämpfte oder mit anderen, ob er scheiterte und immer wieder scheiterte. Das Ich – diese Erfahrung brachte Mailer schon aus dem Pazifik mit nach Hause – steht auf verlorenem Posten, aber das heißt noch lange nicht, dass es sich deshalb geschlagen geben muss. Der Sieg oder doch der Triumph liegt schon im Versuch.

Und Mailer kämpfte. Der Intellektuelle Mailer begann den Geist zu verachten und entdeckte den Körper. Mit ganzem Körpereinsatz spielte er Avantgarde. Er musste den Bürger bloßstellen, er musste Drogen feiern und Gewalt. Walter Benjamin beschreibt schon 1931 diesen Phänotyp, und bei ihm ist er Heimkehrer aus dem Ersten Weltkrieg: «Der destruktive Charakter kennt nur eine Parole: Platz schaffen; nur eine Tätigkeit: räumen. Sein Bedürfnis nach frischer Luft und freiem Raum ist stärker als jeder Hass.» Die allgegenwärtige Gewalt auf sich ziehen, aufsaugen, auf keinen Fall neutralisieren, sondern produktiv machen – das wird Mailers Lebensaufgabe.

Doch anders als Allen Ginsberg, dem als Lyriker die Reichweite fehlte, anders als Jack Kerouac, der im Alkohol unterging, anders als William Burroughs, dem seine Privatmythologie aus Drogen und Gewalt und Homosexualität wichtiger war als die öffentliche Wirkung, suchte Norman Mailer die Öffentlichkeit, wollte ein politischer Mensch sein. Aber Mailer war schon immer unvergleichlich, legte allergrößten Wert darauf, sich selber zu erschaffen und als Autor nur den eigenen Gesetzen zu folgen.

Neben einem Verzeichnis seiner Werke müsste deshalb eine Liste seiner Kämpfe stehen: mit den Frauen, mit Männern, die er als Konkurrenz betrachtete, seinen politischen Kampagnen, seinen Scharmützeln mit den Feministinnen, seinen Filmen, in denen er den Hipster in mancher Verkleidung spielt.

Das Bild des Autors als Mann, der ständig um seinen Ruf fürchten muss, weil er einer Tätigkeit für Schwächlinge nachgeht, nämlich schreibt, ist ein wenig aus der Mode gekommen. Ernest Hemingway hat es jahrzehntelang vorbildlich verkörpert, hat geboxt, gefischt, gejagt, gehurt, viel zu viel getrunken und dann doch geschrieben: die beste englischsprachige Prosa des 20. Jahrhunderts und noch vieles mehr. Wenn er nicht damit beschäftigt war, die Zahl der Haare auf seiner Brust im Faustkampf Mann gegen Mann zu verteidigen, konnte er sich mönchisch zum Schreiben zurückziehen und kannte keinen Gott mehr und kein Vaterland. Dass die Sache am Ende böse für ihn ausging, dass er sich mit seinem exzessiven Leben nicht anders als beim Schreiben übernahm, gehört zu den großen Tragödien der Literaturgeschichte.

Norman Mailer hat immer die Öffentlichkeit gesucht, seine Haut, wenn es nötig war, zu Markte getragen. Mit dem Eifer des Bürgerkinds, das sich das weniger behütete Leben immer als das romantischere ausmalt, hat er den Psychopathen gespielt. Zwischendurch erlebt er Momente, in denen ihm seine beständige Öffentlichkeitsarbeit auffällt, und natürlich notiert er auch die Zweifel an dem Image, das er nach seinem Selbstbild geschaffen hat: «Wenn er sich betrachtete, wie er in die Kamera sprach, war er mit sich als Thema nicht einverstanden. Für einen Krieger, einen mutmaßlichen General, einen ehemaligen Kandidaten, ein kampfbereites, alterndes Enfant terrible des Literaturbetriebs, einen gereiften Vater von sechs Kindern, radikalen Intellektuellen, existenzialistischen Philosophen, schwer arbeitenden Schriftsteller, Vorreiter der Obszönität, Ehemann von vier kampflustigen, süßen Frauen, umgänglichen Kneipengänger, weit überbewerteten Straßenkämpfer, Party-Veranstalter, Gastgeberinnen-Beleidiger zeigte er auf der Leinwand seiner ersten Dokumentation einen verheerenden Makel, einen letzten verbliebenen Fleck der einen Persönlichkeit, die ihm ganz und gar unerträglich war – den netten jüdischen Jungen aus Brooklyn. Es musste die Lymphschwellung sein, die ihn verriet – er besaß die weichen Züge eines Mannes, der von früh auf an Mutterliebe gewöhnt war.»

Ein Muttersöhnchen, das durfte Mailer nicht sein, er musste hinaus ins feindliche Leben, musste sich stellen, durfte keine Schwäche zeigen.

«Der männliche Stolz wird unterschätzt», das schrieb er zwar über den ersten Präsidenten Bush, aber er spricht auch hier von sich und seinen Zweifeln. Das hat er von Hemingway. «Auch wenn mein Talent abnahm als Strafe dafür, dass ich ein Mann wurde, war es doch wichtiger, ein Mann zu sein als ein guter Schriftsteller.» Hemingway ist nicht nur das bewunderte Vorbild, sondern auch der gefürchtete Gegner, der Mann, der ihm die unmännlichste Kränkung zugefügt hat, die eigene innere Gewalttätigkeit gegen sich selber zu richten.

Er trage «mehr als nur ein bisschen Gewalt in sich», sagte Mailer von sich, und er führte sie vor, die Gewalt, die Leidenschaft, seine kreativen Talente. Es war seine «Entscheidung, den Psychopathen in sich zu ermutigen». Der Abenteurer brauchte «Hemingways kategorischen Imperativ, nach dem das, was gut für ihn war, das allgemein Gute wurde».

Und doch gelang ein seltenes Zusammentreffen des allgemein Guten mit dem individuellen. In Washington, 1967, wird aus der persönlichen, der männlichen Überschreitung eine politische. Der Untertitel von «Heere aus der Nacht» – «Geschichte als Roman. Der Roman als Geschichte» – bezeichnet sein erfolgreichstes Verfahren. Der Autor wird ein Teil Amerikas. Mailer hat sich in einen Roman versetzt, nennt sich «Mailer», spricht von dieser Figur in der dritten Person, was auch nicht falsch ist, hat er sie doch aus Tonbandprotokollen und Wochenschauaufnahmen rekonstruiert. Wieder tritt er mit vollem Körpereinsatz auf, wirft sich in die Schanze und wiederholt den Kampf anschließend, indem er ihn beim Schreiben zu einem homerischen Epos stilisiert. «Mailer» trennt sich von seinen Gefährten, geht ganz allein auf die Doppelwache rund ums Pentagon zu, in dem, nach landläufiger Meinung, der Mord an vietnamesischen Kindern weiter forciert wird. «Es war, als ginge ein frischer Luftzug oder das Licht habe sich verändert; sogleich fühlte er sich viel lebendiger – ja, in Luft gebadet – und gleichzeitig von seinem Körper befreit, als würde er sich tatsächlich in einem Film dabei zuschauen, in dem diese Handlung vonstatten ging.» Er beschreibt die Angst seines Ge-

genübers, merkt zu seiner Überraschung, dass der wachhabende Nationalgardist schwarz ist, aber natürlich kein Neger aus New York, kein Hipster, kein Jazz-Mann, sondern ein dünner kleiner Junge aus den Südstaaten, der vor dem Demonstranten «mit verfrühtem Bauchansatz» zittert. Der Staat, der allgewaltige: zittert. Mailer stilisiert die Begegnung zum Duell ohne Waffen, ohne Ausgang.

Er hatte einen würdigen Gegner gefunden, den größten, Amerika, und schreibt sich gleich auch noch ein in die amerikanische Geschichte.

«Heere aus der Nacht» (1968) ist das große Epos des großen Kriegers geworden, eine Schlachtaufstellung ohne nachfolgende Schlacht, ein riesenhafter Zweikampf, in dem sich die Gegner die Waffen zeigen, ohne sie wirklich gegeneinander einzusetzen, auch der Anbruch einer Menschheitsdämmerung. Es gibt ein anderes Amerika, es gibt eine Gegenkultur, und gemeinsam muss man der verbrecherischen Regierung entgegentreten, die Soldaten aus Vietnam zurückholen und den Mord an vietnamesischen Kindern beenden.

Der engagierte Schriftsteller Mailer entwickelte ein neues Talent. Wohl schrieb er weiter Romane, aber er schien selber nicht mehr so recht an diese Form zu glauben. Jahre brachte er mit der ägyptischen Phantasmagorie «Frühe Nächte» (1983) zu, rekonstruierte das Alte Reich und den ganzen erfundenen Zauber des biblischen Orients. Seine eigentliche Stärke jedoch

wurde die heroische Reportage: das moderne Helden-
lied. Er verteidigte Hemingway und Marilyn Monroe,
feierte Picasso und Madonna und wollte Lee Harvey
Oswald verstehen.
So groß war sein Hass auf den Journalismus, dass er
selber zum Journalisten wurde. Niemals objektiv, immer Partei, niemals interesselos, immer mit dem Herzen bei der Sache, leidenschaftlich und erfolgsorien-
tiert wie lange vor ihm Émile Zola. Sein Leutnant
Dreyfus wurde Gary Gilmore. Dieser Mörder sucht
bei Mailer Sühne für seine Taten, oder doch vielleicht
nur die Öffentlichkeit, wenn er erfolgreich auf die eigene Hinrichtung drängt. Hier ist ein echter Psycho-
path, ein Kerl, einer, der sich was traut, der gegen die
Regeln verstößt, eine *bête noire*, wild, ungebärdig; ein
Gangster und immer das Schreckgespenst für den
Bürger. «Gnadenlos. Das Lied vom Henker» (1979),
vorgeblich ein Roman, ist Mailers beste Reportage
und wieder die ganz große Oper.

Einen «Linkskonservativen» nennt sich Mailer heute,
aber Marxist (eine amerikanische Unmöglichkeit) ist
er nie gewesen, sondern Traditionalist. Er steht vielmehr in einer anderen großen Erblinie. Das Grund-
recht auf «zivilen Widerstand» hat vor über hundert-
fünfzig Jahren Henry David Thoreau formuliert.
Thoreau war nicht bereit, Steuern an eine Regierung
zu bezahlen, die damit die Sklaverei aufrechterhielt.
Lieber ging er ins Gefängnis. «Wie soll sich ein Mann

heute gegenüber dieser amerikanischen Regierung verhalten? Meine Antwort lautet, dass er sich Schande macht, wenn er irgend mit ihr verbunden ist. Ich kann diese politische Organisation keinen Augenblick lang als meine Regierung anerkennen, wenn sie gleichzeitig eine Sklavenregierung ist.»

Wen wundert's, dass Norman Mailer, Veteran des Zweiten Weltkriegs und vieler nachfolgender Kämpfe, nicht bereit ist, mit der gegenwärtigen amerikanischen Regierung in den Krieg zu ziehen? Die Kriegsgründe sind vorgeschoben, die Kämpfe bringen nur Leid über die Völker, und zu Hause werden die bürgerlichen Freiheiten, die schon Thoreau in Gefahr sah, mehr und mehr beschnitten. Der Kampf geht weiter.

Auf Mailers Zorn ist Verlass, auf seinen Hass gegen den alles verschlingenden kapitalistischen Moloch, den von Henry Miller bereits in den Dreißigern geahnten «klimatisierten Albtraum». Immer biblischer, immer strenger ist er mit den Jahren geworden. Heute warnt er vor dem Ende Amerikas, sieht den Faschismus heraufdämmern, den totalitären Staat, der das Land mit Plastik überzieht, mit alles verdummenden Massenmedien – und hat er nicht oft genug Recht behalten?

In den letzten zweihundertzwanzig Jahren gab es nur in den USA keine Revolution. Als die Gefahr, dass das Land auseinander fallen könnte, am größten war – in der Wirtschaftskrise nach dem Börsenkrach von

1929 –, wurde Franklin D. Roosevelt Präsident und verordnete den keynesianischen New Deal, und beim zweiten Mal, am Ende der Sechziger, verlor sich der revolutionäre Elan, als die Studenten allmählich den Campus wieder verließen und ihre vorgesehene Berufslaufbahn einschlugen. Norman Mailer hat einen Augenblick in der amerikanischen Geschichte festgehalten, in dem sich Volk und Staat begegnet sind, sich Auge in Auge gegenüberstanden. Er hat die Linie überschritten, seine Grenzen gesehen. Der Staat hat überlebt, und Mailer hat, mit anderen zusammen, Schlimmeres verhindert. Solange es Leute wie Mailer gibt, ist Amerika nicht verloren. Darum hat er auch jetzt wieder seine Stimme erhoben, klagt George W. Bush an und die hysterische Kriegsmaschinerie, die alles verschlingt, was sie verschlingen kann.

«Wir guten Romanciers verfügen über die nicht gerade zeitungskonforme Tugend, dass wir niemals Vaterland und Fahne feiern werden, es sei denn, wir wären krank, müde, besiegt oder wollten unlauter Geld verdienen.» Mailer aber ist nicht zu besiegen. Er kämpft den guten Kampf. «Wie Amerika ist er in alle Richtungen und zu weit gegangen» schreibt Martin Amis über ihn. Solange Norman Mailer sich noch empören kann, so lange ist die Welt noch nicht verloren.

Danksagung

Ich möchte David Ebershoff, Veronica Windholz und Judith McNally für ihre raschen und scharfsinnigen Kommentare zu diesem Buch danken.